L'encadrement

À Sarah
À Anne, Jean, Pierre, Marie et Ève

Remerciements

L'auteur remercie tous ses élèves, devenus nombreux au fil des années,
et grâce auxquels elle a pu réaliser ce livre.
L'auteur et l'éditeur remercient Mme Fraizeau.

L'auteur et l'éditeur remercient pour le prêt du matériel
ayant servi à la réalisation des photos :

Ets H. Stouls : Chemin de Chilly, Champlan 91165 Longjumeau Cedex
Billebault : La Celle-sur-Loire 58440 Myennes
Jouffroy : 3, rue de la Course 67000 Strasbourg
Memo'Art : 99, rue de Rivoli 75001 Paris

Vert Vous : 91, boulevard Raspail 75006 Paris
Encadr'Aire : 3, rue J.-Hunebelle 62120 Aire-sur-La Lys
François Huertas et Isy Ochoa
Didier Boursin

Conception graphique : Étienne Hénocq
Photographies : Cactus Studio
Relecture : Chantal Barbot
Édition : Corinne Booth
Direction éditoriale : Catherine Franck
Coordination technique : Isabelle Goulhot
Photogravure : IGS Charente photogravure
Imprimé en Italie par G. Canale & C. S.p.A. - Borgaro T.se -

Dépôt légal : septembre 1997
ISBN : 2-04-021804-1

L'encadrement

techniques et secrets

Michèle Dautet

Dessain et Tolra

Sommaire

Comme un beau cadre ajoute à la peinture,
Bien qu'elle soit d'un pinceau très vanté,
Je ne sais quoi d'étrange et d'enchanté
En l'isolant de l'immense nature.

Baudelaire

Avant-propos

L'art d'encadrer s'inscrit dans une longue tradition de recherche et de création d'ornementation autour de l'œuvre. La diversité des œuvres à mettre en valeur et à protéger – diversité des supports : papier, étoffe ; diversité des pigments : aquarelle, fusain, pastel, peinture à l'huile ; diversité des factures, très anciennes ou au contraire très contemporaines – conduit à encadrer de façons très diverses et parfois très créatives, en ayant recours à de très nombreuses techniques. Le choix des documents – gravures, aquarelles, peintures à l'huile ou simples reproductions –, ainsi que la manière de les encadrer, apporteront une note tout à fait personnelle à la décoration de votre intérieur.

Cet ouvrage s'adresse aussi bien aux néophytes qu'aux initiés, et je l'ai conçu de manière qu'il soit une véritable méthode de travail, dans l'espoir que vous y trouverez des réponses à toutes les questions que vous vous posez sur l'art d'encadrer.

Avant-propos

Vous trouverez au fil des chapitres le déroulement pédagogique de diverses techniques, des plus simples aux plus complexes, rarement transmises pour certaines. Familiarisez-vous avec les techniques générales avant d'aborder les techniques particulières, plus sophistiquées et donc plus difficiles. Lorsque vous aurez choisi une technique en fonction du document (voir page 85), lisez tout le chapitre s'y référant avant de commencer votre encadrement. L'art d'encadrer est exigeant, il demande minutie et rigueur. Prenez le temps de préparer votre projet grandeur nature, travaillez avec des gestes précis, équerrez bien vos cartons. C'est alors que vos mains s'empareront des outils avec aisance et que vous pourrez laisser aller votre imagination. Choisir couleurs et matières deviendra très vite l'une de vos plus grandes joies et le prétexte à mille recherches autour d'un thème ou d'un événement, cueillettes en tous genres et chasses aux trésors vous permettant de découvrir les innombrables possibilités de l'encadrement.

1

Techniques générales

QUELLES QUE SOIENT LES TECHNIQUES DE BISEAU CHOISIES POUR PROTÉGER ET METTRE EN VALEUR LE DOCUMENT, LE MONTAGE DE BASE RESTERA COMMUN À CHAQUE ENCADREMENT.

Outillage

1 règle lourde antidérapante de 80 cm de longueur

1 réglet métallique de 50 cm de longueur

4 pinces à dessin

1 équerre métallique de 20 cm

1 marteau léger

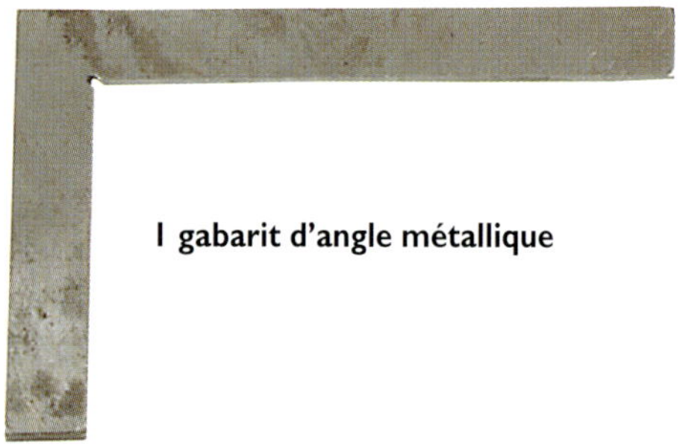

1 gabarit d'angle métallique

1 compas 2 pointes sèches à écrou de 20 cm

1 brosse à colle plate de 10 mm

1 brosse à colle de 10 mm de diamètre

1 coupe verre

1 cutter courbe
et les lames adaptées

2 rouleaux à colle de 5 cm de large

1 paire de ciseaux pointes fines

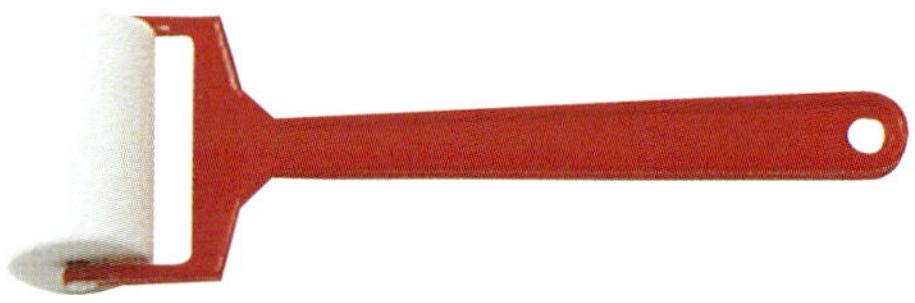

1 plioir

2 portemines 0,5 mm
l'un pour mine **HB**, l'autre pour mine **2H**

1 plan de travail en carton gris
de 3 mm d'épaisseur

Outillage

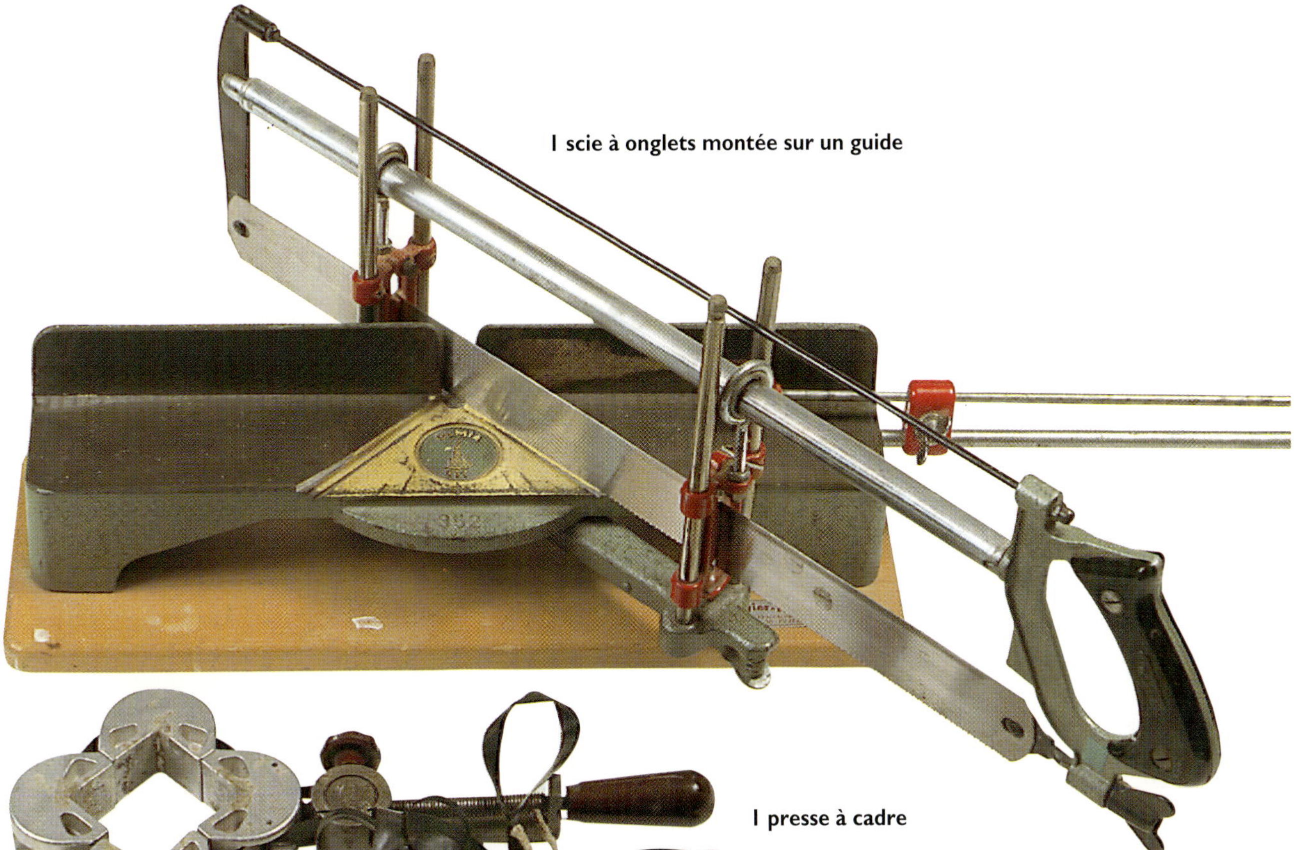

I scie à onglets montée sur un guide

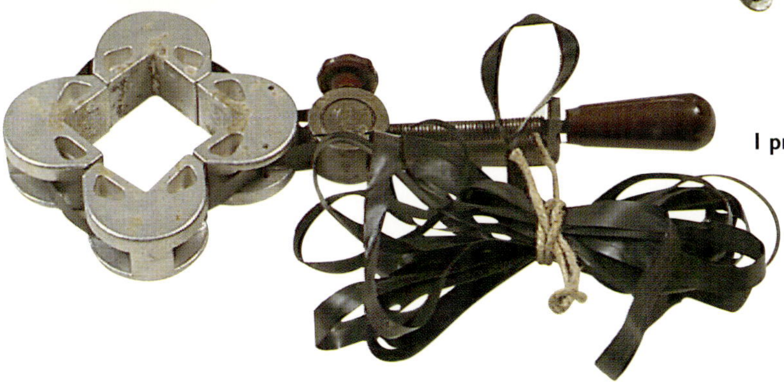

I presse à cadre

I pince plate

I pince coupante

I chasse-clou

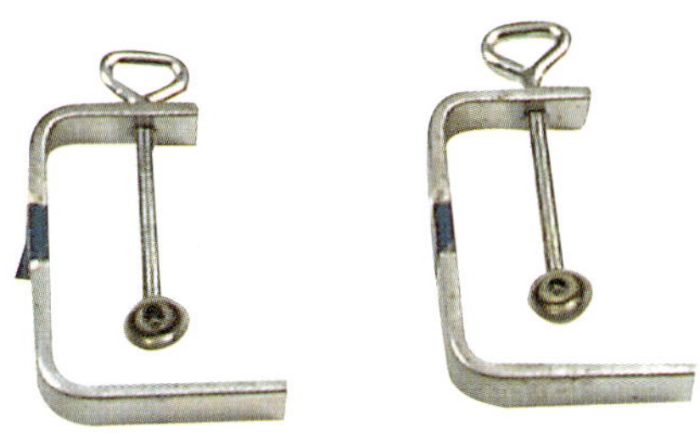

2 serre-joints

Les matériaux de base

Les cartons bois
Ce sont des cartons «blancs»
- en 2 mm d'épaisseur pour le carton de fond de tous les petits formats (inférieurs à 40 x 50 cm),
- en 3 mm d'épaisseur pour le carton de fond des grands formats et surtout pour tailler les biseaux.

La carte bulle 7/10e de mm d'épaisseur à pH neutre
pour fixer les documents et réaliser les passe-partout.

Le carton mousse
Mousse de polystyrène contrecollée d'une carte sur chaque face. Très léger, ce carton permettra de faire des cales dans des montages aux superpositions nombreuses.

La carte Rigidex grammage 180 ou 250
C'est une carte légère, souple, qui permettra de faire des sous-cartes, des doublages de papiers fins.

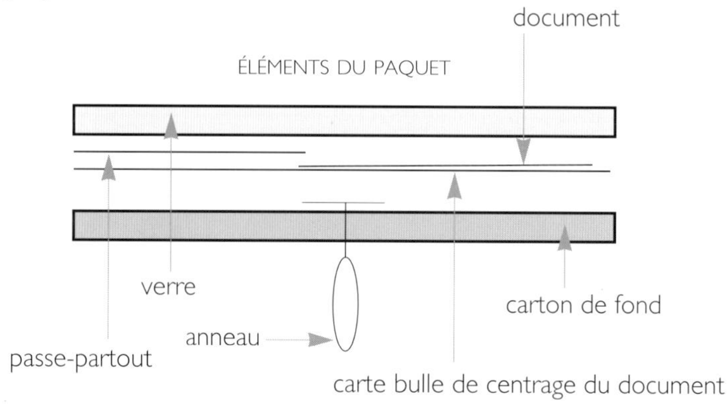

Les matériaux d'habillage

Voici les plus courants, mais il y a bien d'autres matériaux utilisables (cuivre, liège, cuir, etc.).

Les contrecollés
- en 8/10e de mm d'épaisseur pour le passe-partout traditionnel et le lavis,
- en 15/10e de mm pour réaliser le biseau direct.

Les papiers à contrecoller
Ils se collent sur la carte bulle pour la réalisation de passe-partout. Il existe un très grand choix de papiers aux gammes de couleurs, aux grains et grammages très divers, et aux noms très évocateurs :
- peau d'éléphant,
- papiers nature,
- papiers des Indes,
- papiers japonais,
- papiers bois,
- papiers moire, etc.

Les toiles montées sur un papier support
Elles s'utilisent comme les papiers pour contrecoller les passe-partout :
- toiles de Fibranne sur support papier,
- toiles velours sur support papier,
- moire sur support papier.

Les toiles légères
Ces toiles d'ameublement, telles le Vichy, le Liberty, pourront aussi composer de très jolis passe-partout.

Les colles

Colle blanche vinylique pH neutre
Elle s'étale facilement au rouleau ou à la brosse et s'utilise pour la plupart des éléments du paquet sauf les documents de valeur car elle n'est pas réversible.

Colle Tylose pH neutre
C'est une colle en poudre à diluer dans de l'eau.
La préparation de base doit avoir la consistance d'un gel qui sera utilisé tel quel pour les opérations de restauration de papier (collage de déchirures, doublage de pièces).
Cette colle ne tache pas et devient entièrement transparente en séchant.
En reprenant une fraction de ce gel et en le diluant de nouveau à l'eau,

Contrecollés et papiers, ruban kraft gommé, attaches, ruban Bradel, colle

on obtiendra une colle fluide la «Tylose diluée», que l'on utilisera pour certaines détrempes, le nettoyage de gravures, les collages délicats, le défroissage de documents.

Colle à bois à prise rapide
C'est une colle vinylique qui servira au montage du cadre.

Le verre

Choisissez de préférence du verre en 2 mm d'épaisseur que l'on peut faire couper aux dimensions requises chez les fournisseurs ou couper soi-même à l'aide d'un coupe-verre imbibé de pétrole.

Les attaches

- Anneaux de Saumur n°3.
- Anneaux à riveter pour les grands formats et les cadres lourds.
- Tournettes et vis pour cadres démontables.
- Tourniquets pour fixation de châssis de peintures à l'huile dans la moulure.
- Pitons ronds fermés à fixer dans la moulure lorsqu'on ne peut pas poser d'anneaux dans le carton de fond.
- Ruban Bradel : tresse de lin de 1,5 cm de large pour fixer l'anneau au carton de fond.
- Kraft gommé brun de 2,6 cm et 4,8 cm de large pour fermer le paquet et le remborder dans le cadre.
- Kraft gommé blanc de 2 cm de large pour tendre le document sur la carte de centrage.
- Pointes sans tête, fines, de 3 longueurs (1,5 cm, 2 cm et 2,5 cm) pour fixer le paquet dans le cadre.

Calcul de la fenêtre-image

La fenêtre-image (FI) est l'ouverture taillée dans le passe-partout. Elle doit recouvrir le document de quelques millimètres.

▶ **Le document est sans marges** (ou les bords ne présentent pas d'intérêt) :
la fenêtre-image va recouvrir le document de 0,2 à 0,5 cm tout autour.

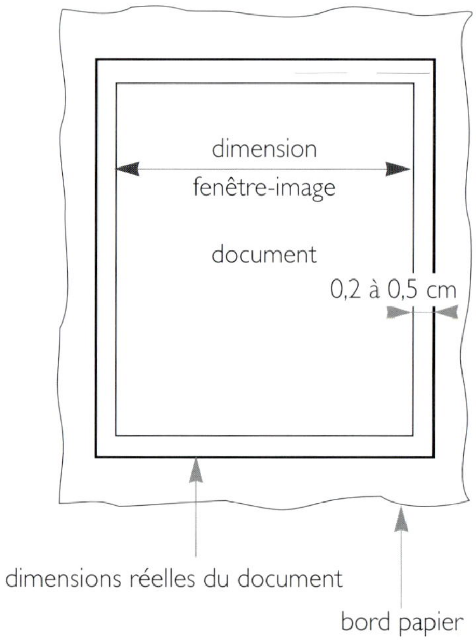

Exemple :

dimensions réelles : 15 x 20 cm

Dimensions FI :
15 – 0,5 = **14,5 cm**
20 – 0,5 = **19,5 cm**

▶ **Le document est entouré d'une cuvette** (empreinte de la plaque de cuivre dans le cas d'une gravure) :
il faut dégager la cuvette tout autour du document de 0,5 à 1,5 cm.

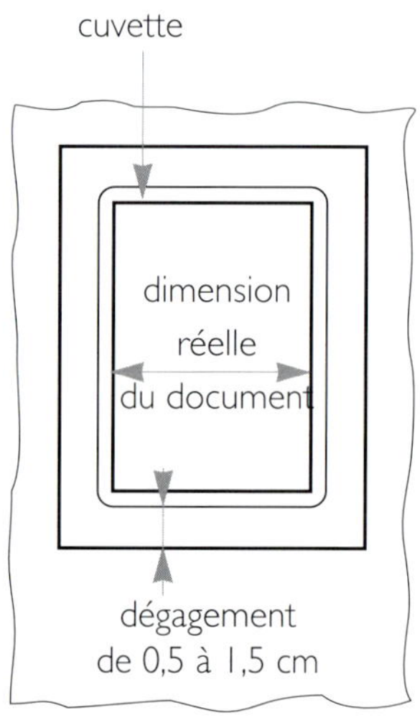

Exemple :

dimensions réelles : 15 x 20 cm
dégagement de la cuvette : 1 cm

Dimensions FI :
1 + 15 + 1 = **17 cm**
1 + 20 + 1 = **22 cm**

▶ **Le document est numéroté et signé :**
il faudra dégager l'espace de la signature et le numéro de tirage. La hauteur de ce dégagement sera divisée par 1,5 pour trouver la valeur à donner au dégagement des trois autres côtés du document.

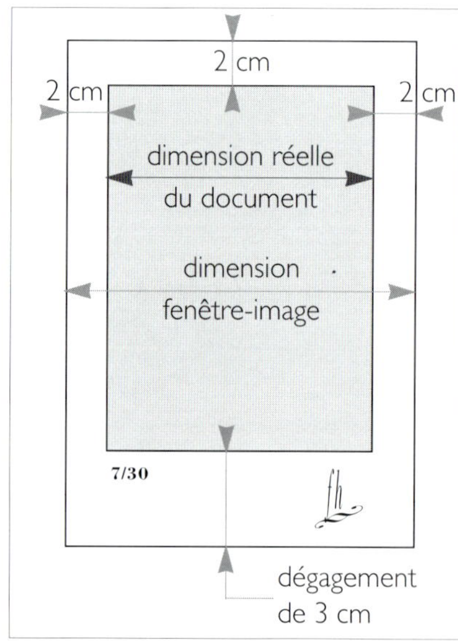

Exemple :

dimensions réelles : 15 x 20 cm
dégagement côté signature : 3 cm
valeur du dégagement
sur les trois autres côtés :
3 cm : 1,5 = 2 cm

Dimensions FI :
2 + 15 + 2 = **19 cm**
2 + 20 + 3 = **25 cm**

Choix de la marge

Lorsque la fenêtre-image est déterminée, le choix de la marge nous permettra d'établir les dimensions à donner à tous les éléments du paquet.

En dessous d'une marge de 3 cm, l'encadrement sera étriqué. La marge varie souvent entre 5 et 8 cm, mais des marges de 10 à 12 cm sont intéressantes, surtout si l'on ajoute un décor sur le passe-partout ou des superpositions de biseaux. Les marges du passe-partout ne sont pas toujours égales entre elles : pour un document ayant un horizon très marqué, il sera notamment intéressant d'accentuer cet horizon par des marges latérales plus importantes.

Exemple :

8 cm
10 cm 10 cm
8 cm

Avant de vous décider, faites un gabarit sur un papier brouillon. Découpez-le pour l'adapter au document.

Calcul des dimensions de tous les éléments du paquet

Les éléments du paquet sont constitués du carton de fond, de la carte bulle passe-partout, de la carte bulle centrage du document et du verre. Pour chaque document à encadrer, remplissez d'abord le tableau de calcul ci-dessous, et conservez-le à proximité de votre table de travail, vous aurez à vous y référer sans cesse.

Exemple :

dimensions FI : 19 x 25 cm
choix de marge : 8 cm

Dimensions FI :
8 + 19 + 8 = **35 cm**
8 + 25 + 8 = **41 cm**

Dimensions réelles du document : .... x ....

Dimensions FI : .... x ....

Choix de la marge : ....

Dimensions des éléments du paquet : .... x ....

Méthode de coupe et d'équerrage des cartons

Commencez toujours par couper le carton de fond en 2 mm ou 3 mm d'épaisseur suivant les dimensions des éléments du paquet. La coupe se fait au cutter courbe avec l'équerre et la règle lourde.

1 Faites une première coupe nette sur le bord de la feuille de carton en coupant le long de la règle de haut en bas, face à vous.

2 Tournez la feuille de carton pour placer cette première coupe parallèlement au bord de la table. Ajustez l'équerre sur la première coupe et plaquez la règle lourde perpendiculairement à celle-ci. Coupez pour obtenir un angle droit. Marquez cet angle d'un repère au crayon.

▼**3** À partir des côtés du premier angle droit, reportez les mesures du carton de fond avec la pointe du cutter le long du réglet. Marquez deux points par côté.

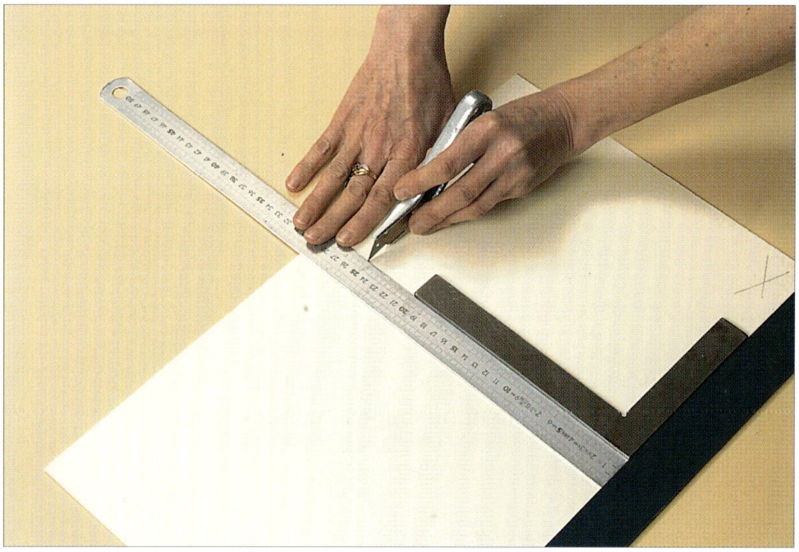

Pointage des repères au cutter

◄**4** Placez la règle lourde le long de ces deux points et coupez en tirant la coupe face à vous. Vérifiez l'équerrage en plaçant l'équerre dans chaque angle. Le carton doit rentrer dans l'angle droit de l'équerre, sans jeu.

Coupe des cartons

PRÉPARATION DU PASSE-PARTOUT ET COUPE DE LA FENÊTRE-IMAGE

LE CARTON DE FOND ÉQUERRÉ SERT DE GABARIT DE COUPE POUR TOUS LES AUTRES ÉLÉMENTS DU PAQUET. REPORTEZ SUR CHACUN DE CES ÉLÉMENTS LE REPÈRE D'ANGLE.

COUPE DU PASSE-PARTOUT

1 Posez le carton de fond coupé sur la feuille de carte bulle, face intérieure (côté repère) vers soi.

2 Plaquez le carton sur la carte. Coupez au cutter. Avant de séparer les cartons, reportez le repère d'angle sur l'envers de la carte.

3 Procédez de la même façon pour couper la carte de centrage. Il est important de faire coïncider les repères d'angle pour le bon équerrage de la fenêtre-image.

COUPE DE LA FENÊTRE-IMAGE

▼1 Travaillez sur la face endroit (repère d'angle contre la table). Réglez l'écartement du compas pointes sèches sur la valeur de marge choisie.
Portez cette mesure deux fois par côté, en appuyant l'une des pointes à la lisière du carton.

Pointage des repères de marge au compas pointes sèches

2 Placez la règle de coupe sur la marge, le long de ces repères. Au compas pointes sèches, marquez les valeurs de la marge à chaque angle pour déterminer les extrémités de coupe.

3 Coupez avec une lame neuve. Une fois la fenêtre coupée dans le passe-partout, vérifiez son équerrage au gabarit d'angle. Le passe-partout peut être réalisé à partir d'un contrecollé ; dans ce cas, si l'on souhaite cacher l'âme du carton, on peut couper le long de la règle en inclinant la lame du cutter de 10° environ vers l'intérieur. Faites un léger passage de plioir, à plat sur le bord de la fenêtre, afin de rabattre les bords de la coupe.

HABILLAGE DU PASSE-PARTOUT AVEC UN PAPIER

DE NOMBREUX MATÉRIAUX PEUVENT SERVIR À HABILLER LE PASSE-PARTOUT, SUIVANT LA FANTAISIE DE CHACUN ET LA GRANDE DIVERSITÉ PROPOSÉE CHEZ LES FOURNISSEURS. L'ENSEMBLE DES MATÉRIAUX PAPIER PEUT SE CLASSER EN TROIS CATÉGORIES QUI DÉTERMINENT LA MÉTHODE DE COLLAGE.

HABILLAGE AVEC UN PAPIER FORT (ENVIRON 160 G/M²)

C'est le plus facile car il ne nécessite pas de détrempe. Il se fait à la colle blanche.
Posez le passe-partout à habiller sur la feuille d'habillage.
Coupez tout autour avec une marge de sécurité.
Faites un guide de collage au plioir, sur l'envers du papier, en vous servant d'une règle et en utilisant le plioir comme un crayon.
Posez la feuille en attente sur un buvard blanc (envers face à soi).
Sur une feuille de papier macule, encollez au rouleau à colle les marges du passe-partout (la couche de colle doit être brillante et régulière sur toute la surface).
Posez la carte encollée sur la feuille d'habillage. Lissez au chiffon. Retournez l'ensemble avec le buvard. Lissez sur le buvard et placez sous presse quinze minutes.

Guide de collage

HABILLAGE AVEC UN PAPIER LÉGER (ENVIRON100 G/M²)

Matériel :
Colle blanche
(pour encoller le passe-partout)
Éponge humide
(pour la détrempe du papier)

Préparez les éléments comme précédemment. Puis humectez le papier à l'éponge humide sur la face envers. Encollez la carte du passe-partout à la colle blanche et appliquez-la sur le papier humide. Lissez et placez sous presse quinze minutes.

Encollage du passe-partout

HABILLAGE AVEC UN PAPIER TRÈS LÉGER (ENVIRON 80 G/M²)

Matériel :
Colle blanche
Colle Tylose diluée
Brosse large
(pour étendre la Tylose)

Étant donné la fragilité du papier, effectuez la détrempe à la Tylose diluée avec une brosse large, en commençant par le centre et en allant vers les bords de la feuille. Une fois la détrempe effectuée, terminez comme prédédemment. Placez sous presse trente minutes.

Détrempe à l'eau

Détrempe à la Tylose diluée :
papier des Indes
et tout grammage léger.

Détrempe à l'eau :
Ingres
et tous papiers de grammage équivalent.

Pas de détrempe :
mi-teinte Canson
et tous papiers de même grammage, toile montée sur papier support.

Habillage du passe-partout avec un papier bois

Le papier bois est un papier délicat, fin, sec et cassant, pour lequel on appliquera la méthode de collage avec détrempe à la Tylose diluée (voir habillage du passe-partout avec grammage très léger page 18). Si vous souhaitez profiter du veinage du bois pour marquer la perspective ou donner une impression de boiserie autour du document, il faudra habiller le passe-partout, bande par bande sur chaque marge.

1 Après avoir effectué la découpe de la fenêtre-image dans le passe-partout, coupez au cutter quatre bandes dans la feuille de papier bois, en prenant soin de couper dans le sens du veinage.
Pour en calculer les dimensions, reportez-vous à l'encadré ci-contre. Placez les quatre bandes sur une feuille de macule, côté endroit contre la feuille pour procéder à l'encollage.

Largeur des bandes = largeur des marges + 2 cm pour le rembord intérieur de la fenêtre-image

Longueur des bandes = longueur des côtés du passe-partout

2 Enduisez ces quatre bandes de Tylose diluée sur l'envers et, avec le rouleau ou la brosse, encollez le passe-partout à la colle blanche.
Posez ces bandes humides sur le passe-partout encollé.

▼3 Retournez le passe-partout sur l'envers et, avec une épingle, marquez les angles intérieurs de la fenêtre-image.

Pointage des angles intérieurs de la fenêtre-image

Coupe des bandes d'habillage en diagonale

◄4 Retournez sur l'endroit et coupez chaque angle sur la diagonale.
Retirez aussitôt les chutes de papier.
Lissez avec le buvard puis mettez sous presse.

Habillage du passe-partout avec un tissu

Le tissu peut être un Liberty, un Vichy, ou une cotonnade légère.
Il est nécessaire de faire un glaçage pour que la colle ne passe pas au travers du tissu au moment du collage sur la carte bulle du passe-partout.

► 1 Pour le glaçage, enduisez régulièrement la plaque à glacis d'une couche fine de colle blanche, sur une surface équivalente à celle de l'étoffe à glacer.

2 Appliquez l'étoffe sur la plaque à glacis en tapotant légèrement (côté envers de l'étoffe sur la colle).

Encollage de la plaque à glacis

▼3 Décollez l'étoffe sans la déformer et mettez-la à sécher côté endroit sur un buvard propre. Patientez quinze minutes jusqu'à ce que l'étoffe soit sèche et glacée.

Glaçage du tissu

4 Encollez alors la carte bulle du passe-partout à la colle blanche et appliquez-la sur l'étoffe glacée. Mettez sous presse quinze minutes.

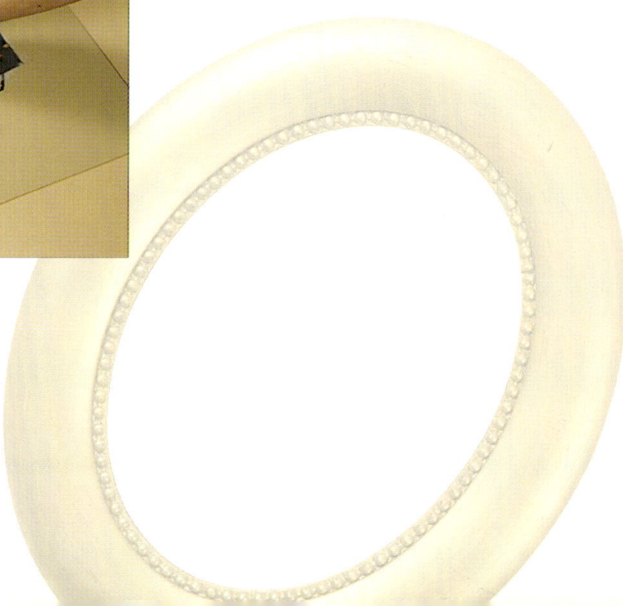

HABILLAGE DU PASSE PARTOUT PAR BANDES, AVEC UN TISSU

ON NE PEUT COMME POUR LE PAPIER BOIS COUPER LES DIAGONALES À VIF, LE TISSU S'EFFILOCHERAIT. IL EST NÉCESSAIRE DE RÉALISER LES QUATRE CÔTÉS DU PASSE-PARTOUT SÉPARÉMENT ET DE LES REMBORDER DANS LES DIAGONALES.

▶ **1** Taillez deux passe-partout dans la carte bulle. Coupez-les ensemble pour qu'ils coïncident précisément. Coupez aussi les deux fenêtres-images ensemble. Numérotez les quatre côtés de chaque carte de façon qu'ils se correspondent. Les numéros des bandes du passe-partout supérieur devront être inscrits sur l'envers de la carte.

2 Dans la carte supérieure, coupez les angles en diagonale en tenant compte de l'épaisseur du tissu d'habillage.

Coupe en diagonale de la carte du passe-partout

▼ **3** Taillez les bandes d'habillage dans le tissu (qui aura été glacé, voir page 20). Encollez les quatre parties du passe-partout à la colle blanche, puis mettez-les en place sur l'habillage. Placez sous presse quinze minutes.

Dimensions à donner aux bandes d'habillage :

Longueur = longueur du côté du passe-partout + 2 cm pour les rembords des diagonales

Largeur = largeur du côté du passe-partout + 2 cm pour le rembord intérieur de la fenêtre-image

Fixation des bandes sur le passe-partout inférieur

4 Rembordez les diagonales. Fixez les quatre parties du passe-partout sur le deuxième passe-partout en carte bulle en faisant coïncider les numéros. Rembordez les quatre côtés de la fenêtre derrière la deuxième carte.

Coupe et collage des rembords de la fenêtre-image du passe-partout

Au sortir de la presse, lorsque le passe-partout est sec, coupez et collez les rembords de la fenêtre-image du passe-partout.

1 Coupez à 45° les angles de l'habillage à l'intérieur de la fenêtre-image avec le gabarit d'angle, coupez les rembords de la largeur du réglet.

2 Rabattez les rembords d'un trait de plioir et marquez au crayon leur emplacement sur l'envers du passe-partout.

▸**3** Avec de la colle blanche, encollez l'emplacement des rembords. Avec le plioir, rabattez les rembords sur la partie encollée.

Collage des rembords

Centrage du document

Le document ne sera jamais fixé sur le carton de fond qui porte l'anneau mais sur une carte intermédiaire appelée carte de centrage.

1 Lorsque la fenêtre-image est coupée, superposez carton de fond, carte de centrage et passe-partout en faisant coïncider les repères d'angles.

2 Introduisez le document entre la carte de centrage et le passe-partout. La fenêtre doit recouvrir chaque bord du document.

▸**3** Maintenez le document, retirez le passe-partout, tracez au crayon les angles du document puis fixez-le.

Traçage des angles du document sur la carte de centrage

Fixation du document

La notion de respect du document est très importante pour cette étape de travail, notamment pour les documents de valeur. Afin d'assurer les meilleures conditions de conservation et de réversibilité, et quel que soit le mode de fixation, le document ne sera jamais fixé sur le carton de fond qui porte l'anneau.

Collage en plein à la colle blanche

Matériel :
1 rouleau à colle
(pour encoller le support)

C'est le mode de fixation pour toutes les reproductions sans valeur.

1 Après centrage du document, encollez la carte dans les repères de centrage, à la colle blanche, avec le rouleau à colle.

2 Posez le document sur le support encollé. Lissez avec le buvard et mettez sous presse quinze minutes.

Collage en plein d'un grand format

Matériel :
1 rouleau à colle
(pour encoller le support)
1 brosse large
(pour enduire le dos du document)

Pour toutes reproductions d'un format égal ou supérieur à 40 x 50 cm à coller en plein (poster, affiche, ou photographie), il est préférable d'effectuer une détrempe à la Tylose diluée.

1 Centrez le document sur un carton de 2 mm d'épaisseur au lieu de la carte bulle habituelle.

2 Encollez d'abord le dos du poster à la Tylose diluée, en commençant par le centre et en tirant la colle vers les extrémités. Laissez le poster se détendre, mais non sécher.

3 Encollez le support de fixation à la colle blanche.

4 Posez le poster encore humide sur le support encollé en l'alignant sur l'une des lignes du centrage, pour le faire descendre peu à peu sur la surface encollée.
Lissez au buvard et mettez sous presse une heure.

Fixation par tension avec des bandes de kraft blanc

C'est le cas des gravures, des lithographies, des aquarelles, des dessins, de tout document qui pourra être ressorti de son cadre sans être altéré.

►**1** Préparez quatre bandes de kraft aux dimensions du document plus 2 cm. Humidifiez à l'éponge le dos du document et posez-le sur ses repères de centrage.

Pose de bandes de kraft blanc

▶**2** Fixez la 1re bande de kraft en la mouillant à l'eau claire. Fixez la 2e bande en vis-à-vis à cheval sur la lisière du document et en lissant avec le buvard pour tendre.

Pose des bandes de kraft blanc

▼**3** Fixez la 3e bande, puis la 4e. Chassez la poche d'air en lissant au buvard. Placez sous presse une heure.

Fixation de la 4e bande de kraft

Conseil :

S'il sagit d'un document très jauni ou d'un papier très absorbant, remplacez la détrempe à l'eau par une détrempe à la Tylose diluée, pour éviter les auréoles sur le dessus du document. Passez la Tylose diluée sur l'envers du document, attendez qu'elle ne poisse plus et tendez ensuite avec les bandes de kraft blanc.

Fixation par tension à la Tylose

Dans certains cas, la fenêtre du passe-partout recouvre si peu les bords du document, qu'il est impossible d'utiliser les bandes de kraft blanc.

1 Humidifiez à l'éponge le dos du document comme précédemment. À la brosse, posez un filet de Tylose sur la carte support à l'intérieur du tracé de centrage.

2 Posez délicatement le document sur ses repères de centrage. Lissez du plat de la main en intercalant un buvard et mettez sous presse une heure.

Fixation légère en deux points

Ce sera le mode de fixation de tout document de valeur ou très ancien, dont le papier très mince risquerait de se déchirer, s'il était fixé par tension au kraft ou à la Tylose.

1 Coupez deux bandes de 1,5 x 1,5 cm dans une feuille de papier japon. Pliez-les en deux. Ces bandes serviront de charnières.

▼2 Collez-les à la Tylose sur le haut du document, à l'envers et collez les rabats sur le support de centrage.

Collage des rabats sur le support de centrage

Fixation d'un document tissu par tension sur une feutrine ou un molleton

1 Tracez les repères de centrage du document sur le carton de centrage (taillé dans du 2 ou 3 mm d'épaisseur suivant le format) qui remplace la carte bulle.
Tracez également la fenêtre du passe-partout sur le carton de centrage.

▼2 Fixez par quelques points de colle le molleton dans le tracé du passe-partout. Positionnez le document dans ses repères de centrage. Avec des épingles, fixez un 1er côté tous les 2 cm. Tendez et fixez en vis-à-vis. Fixez le 3e côté et tendez le 4e.

Tension d'un document tissu

3 Collez le document tendu par un filet de colle blanche tout autour, retirez les épingles et mettez sous presse quinze minutes.

Conseil :

Si le document est simplement encadré d'une baguette sans passe-partout, tendez-le avec des épingles piquées dans le chant du carton de centrage et rabattez le rembord du document tissu sur un filet de colle blanche au dos du carton. Ne coupez pas l'angle du rembord, pliez-le et collez-le.

Fermeture du paquet

Que le paquet soit encadré ensuite d'une moulure ou bien laissé sous forme de sous-verre simple, il sera, de toute façon, fermé d'un kraft servant à maintenir les éléments plaqués contre le verre et à l'isoler de la poussière.

Pose des attaches de fixation

L'anneau de fixation se pose dans le carton de fond.
Pour les petits formats, prenez le repère de fixation de l'anneau entre 5 et 7 cm du bord supérieur du carton. Pour les grands formats (à partir de 40 x 50 cm), prenez deux repères au tiers de la hauteur en partant du bord supérieur et à environ 10 cm des côtés.

Passage du ruban dans la fente

◂**1** Coupez 8 cm de ruban Bradel, pliez le ruban en deux et passez l'anneau au centre, taillez une fente au cutter, dans le carton de fond au point de repère.

Conseil :
Si le format nécessite la pose de deux anneaux, orientez le collage du ruban Bradel à 45°, dans le sens du tirage cordon. Remplacez le ruban par des rivets dans le cas de grands formats lourds.

Incrustation pour fixation de l'anneau

◂**2** Avec le dos de la lame du cutter, passez les deux épaisseurs du ruban dans la fente, retournez le carton, écrasez les deux parties du ruban de part et d'autre de la fente et incrustez-les en évidant le carton de l'épaisseur du ruban, collez-les dans le carton. Consolidez l'incrustation du ruban par collage d'une croix de kraft gommé.

Emballage du paquet

1 Lorsque tous les collages du paquet sont secs, superposez tous les éléments : carton de fond, carte bulle de centrage du document, passe-partout, verre (nettoyé sur les deux faces), et serrez l'ensemble entre quatre pinces à dessin, sur deux côtés en vis-à-vis. Coupez quatre bandes dans le kraft gommé, les deux premières aux dimensions des côtés, les deux autres en ajoutant 2 cm.

▼**2** Marquez les extrémités du paquet sur les bandes les plus longues, découpez les encoches de manière à dégager la languette pour le recouvrement sur le verre et le rembord sur le carton de fond. Fermez les deux premiers côtés et rabattez les languettes sur l'épaisseur du paquet.

Pose des bandes de kraft gommé

3 Tournez les pinces à dessin sur les deux côtés fermés et rembordez les deux autres côtés avec des bandes de kraft coupées aux dimensions de ces côtés.

Sous-verre simple

Pour une finition très sobre, sans cadre, le paquet sera galonné d'un papier fantaisie en sous-verre simple. Préparez les bandes d'habillage en prévoyant qu'elles recouvrent totalement le rembord de kraft du paquet. Pointez avec le compas pointes sèches deux points à partir du bord de la bande d'habillage, pour le recouvrement sur le verre, puis, de ces deux points, deux autres points marquant l'épaisseur du paquet. Placez le réglet sur les deux premiers points et pliez au plioir. Puis tracez la 2e ligne sur les deux autres points.

Emballage d'un sous-verre simple

Découpez les languettes des extrémités. Posez les deux premiers côtés en vis-à-vis. Puis les deux autres en coupant les extrémités aux dimensions des côtés et à 45° sur le rembord supérieur.

Pose de la baguette

Les fournisseurs de produits d'encadrement proposent maintenant la coupe et l'assemblage de la baguette. Grâce aux machines dont ils disposent, l'assemblage des angles est d'une grande qualité.
Si vous souhaitez réaliser vous-même ce travail, vous devez disposer d'une scie à onglets montée sur un guide et d'une presse à cadres (voir «outillage»).

Longueur de baguette à acheter :

Le périmètre du paquet
+ 8 fois la largeur de la baguette
+ 10 cm pour les chutes d'angles

Si votre paquet mesure 30 cm par 40 cm, et si votre baguette mesure 2 cm de largeur, vous devrez acheter deux fois 30 cm + 40 cm = 140 cm plus huit fois 2 cm = 16 cm plus 10 cm, c'est-à-dire 166 cm.

Coupe et assemblage de la baguette

1 Prenez les mesures précises du paquet rembordé. Mesurez la largeur de la feuillure. Calculez la dimension de coupe d'après la formule suivante :
longueur du côté plus 2 mm de jeu moins 2 fois la largeur de la feuillure.

► **2** Coupez les grands côtés en premier, car en cas d'erreur, ils pourront être utilisés pour les petits côtés : sciez à 45° une extrémité de la baguette puis, à partir de cet angle coupé, portez la mesure sur la lèvre de la baguette. Sciez le 2e angle. Servez-vous de la butée de la scie pour couper le 2e côté parfaitement identique au 1er. Coupez ensuite les deux petits côtés suivant la même méthode.

Vue en coupe d'une baguette

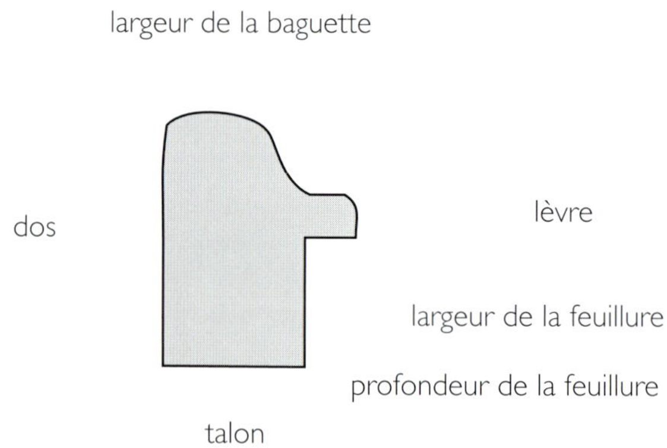

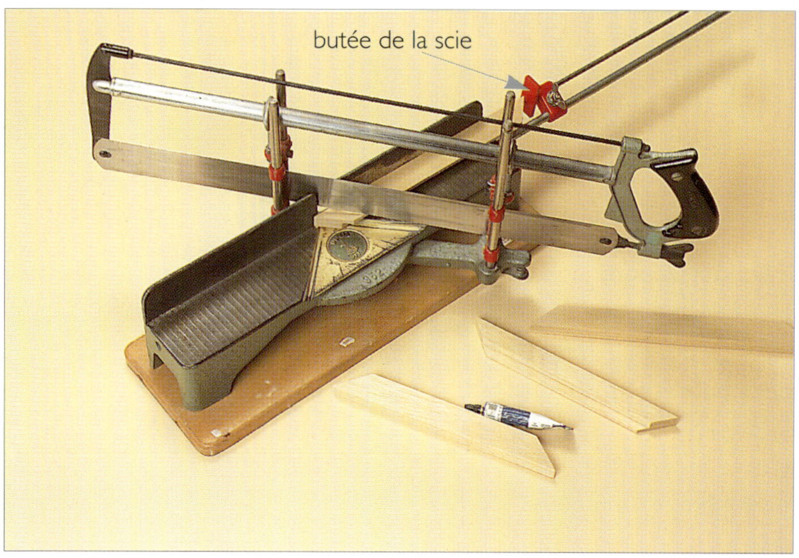

Coupe de la baguette à la scie

▶ 3 Assemblez les éléments de la baguette, encollez chaque angle à la colle à bois à prise rapide. Serrez dans les mâchoires de la presse les quatre côtés encollés dans les angles. Pour les baguettes fines, posez une cale sous chaque angle pour rehausser la baguette au niveau des mâchoires de la presse. Laissez sécher une demi-heure.

4 Lorsque le cadre est sec, fixez les angles de celui-ci : une pointe par angle et par côté pour les moulures fines, deux ou trois pour les moulures larges.

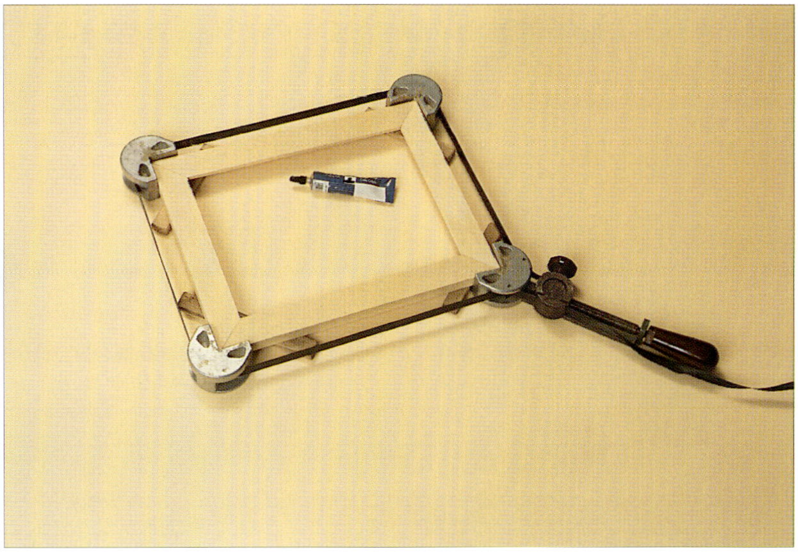

Assemblage de la baguette

Fixation du paquet dans le cadre

◀ 5 Posez le paquet dans le cadre collé et cloué. S'il y a du jeu, centrez le paquet et placez des cales (carte 7/10e de mm) entre le paquet et la moulure en répartissant le jeu tout autour. Avec les pointes sans tête, clouez le paquet dans le cadre, une pointe tous les 10 cm.

6 Rembordez l'ensemble avec le kraft large pour assurer une bonne protection.

Récapitulatif des étapes de travail

1

Déterminez les dimensions de la fenêtre-image.

2

Choisissez la valeur de la marge.

3

Déterminez les dimensions des éléments du paquet.

4

Coupez le carton de fond et vérifiez son équerrage.

5

Coupez les autres cartons en utilisant le carton de fond comme gabarit.

6

Ouvrez la fenêtre-image dans le passe-partout et vérifiez son équerrage.

7

Habillez le passe-partout et rembordez sa fenêtre.

8

Centrez le document et fixez-le.

9

Posez l'anneau de fixation. N'oubliez pas les temps de séchage de chacun des éléments.
Fermez le paquet.

10

Assemblez le paquet dans le cadre avec les pointes et les bandes de kraft.

Sens du papier

Les papiers réagissent à l'humidité et se déforment parce qu'ils s'allongent plus dans un sens que dans l'autre. Il faut déterminer le sens d'allongement du papier et le placer de manière qu'il n'intervienne pas dans les mesures et les ajustages des sous-cartes et des biseaux notamment.

Comment déterminer le sens d'allongement d'un papier ?

Essayez de rouler la feuille entre les deux mains. Dans un sens elle résiste plus que dans l'autre.

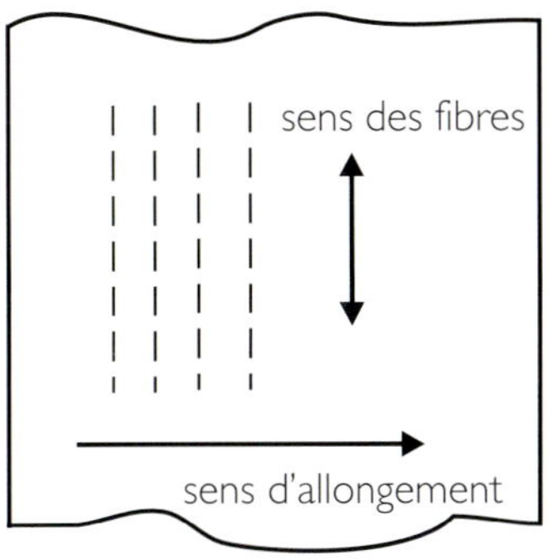

Coupez les bandes perpendiculairement au sens d'allongement.

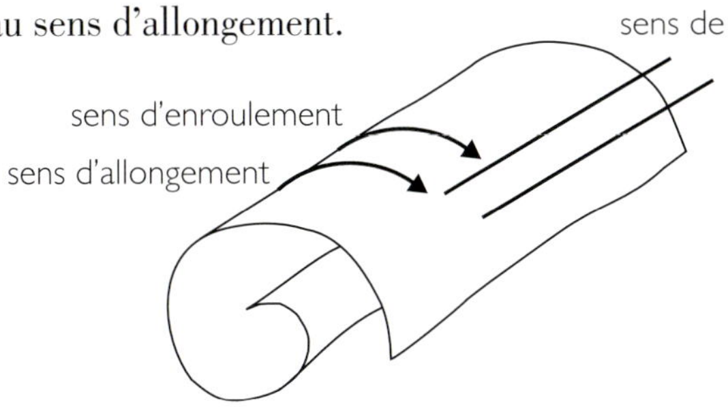

Le papier Ingres ou vergé

C'est un papier ligné. Coupez parallèlement aux pontuseaux de façon à être perpendiculaire au sens d'allongement.

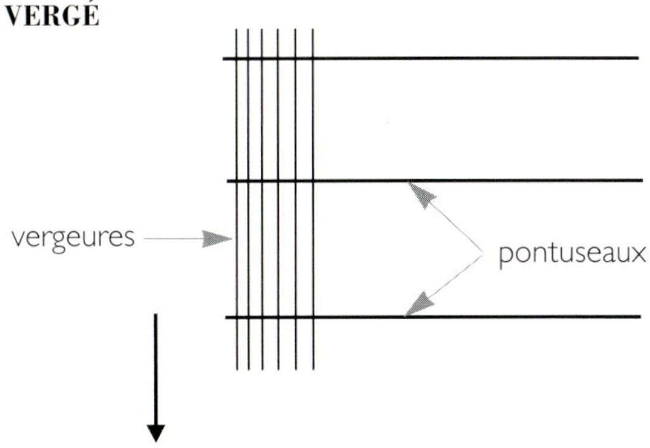

Le papier kraft

C'est aussi un papier ligné mais il s'allonge perpendiculairement aux lignes. Coupez les bandes parallèlement aux lignes.

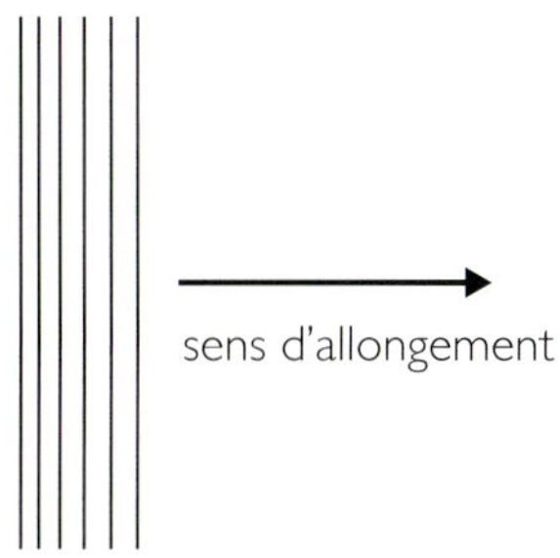

Le papier japon

Ses fibres sont enchevêtrées. Il n'a donc pas de sens d'allongement. Lorsqu'il est très fin, il s'appelle «pelure de japon». On l'utilise pour les réparations de documents.

Le simili-japon

Il ressemble au papier japon mais c'est un papier qui a un sens de fibres, donc un sens d'allongement. Ce papier est trop fin pour que l'on puisse mesurer sa résistance en le roulant. Pincez un coin en tirant entre le pouce et l'index, le côté qui frise le plus indique le sens de l'allongement.

Les différentes formes de fenêtres-images

Commencez par réaliser un projet sur une feuille de brouillon afin de trouver les proportions justes entre les dimensions de la fenêtre et celles des marges. Autour d'un cercle, d'un ovale, d'un octogone, les marges seront moins importantes qu'autour d'une fenêtre à angles droits.

Outillage :

Compas
Compas-cutter
Appareil à ovale

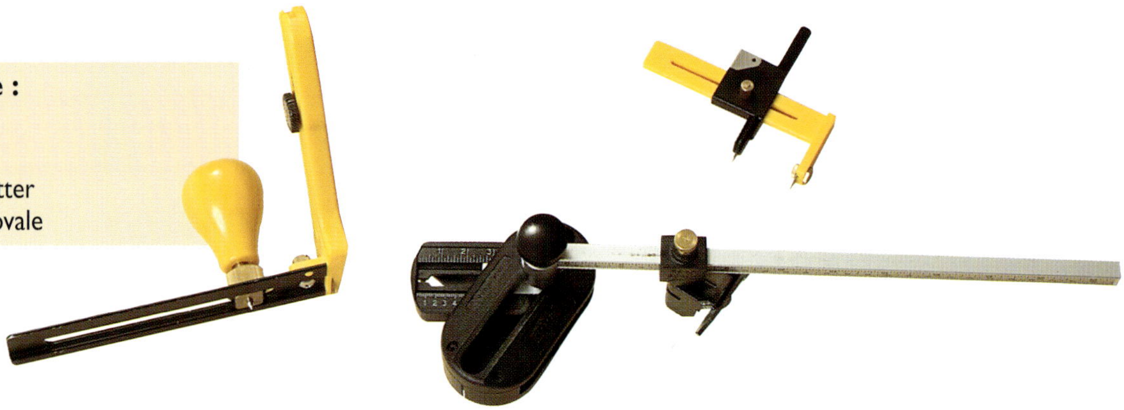

Fenêtre ronde
Déterminez le centre du cercle en traçant les diagonales sur le passe-partout.
Coupez au compas-cutter.

Fenêtre ronde à écoinçons
Tracez le cercle fenêtre-image. Tracez un 2e cercle concentrique au 1er qui déterminera la courbure des écoinçons. Tracez le carré qui coupe ce cercle à 2 mm de la tangente. Coupez d'abord au compas-cutter les courbes des écoinçons, puis la fenêtre-image.

Fenêtre ovale
Déterminez la plus grande dimension de la fenêtre : FI.
Tracez deux points A et B tels que FA = AB = BI.
Tracez le cercle de centre A et de rayon FA.
Tracez le cercle de centre B et de rayon BI.
Marquez les intersections des cercles aux points C et D.
Au compas, prenez la mesure du diamètre FB.
Placez la pointe sèche du compas en D et tracez les arcs D' et D''. Faites de même en C pour tracer C' et C''.

Fenêtre ovale à écoinçons
Tracez un premier ovale (voir fenêtre ovale).
Choisissez la valeur à donner au deuxième ovale équidistant et tracez-le en prenant A,B,E, et E', pour centres de cette nouvelle construction. Puis tracez le rectangle sécant à l'ovale extérieur à 2 mm de la tangente. Coupez les ouvertures courbes à main levée ou avec l'appareil à ovale en suivant les indications de la notice.

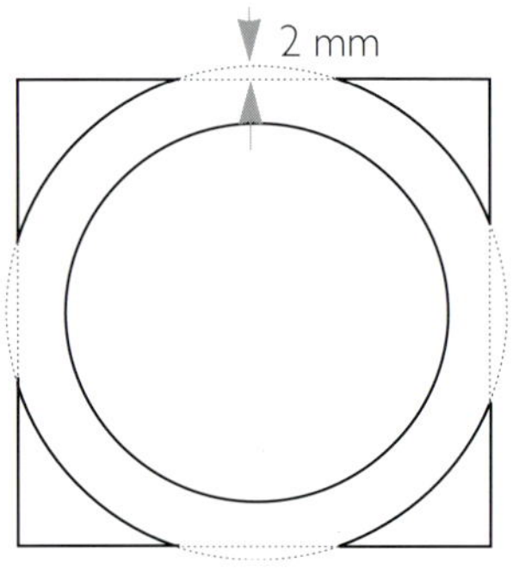

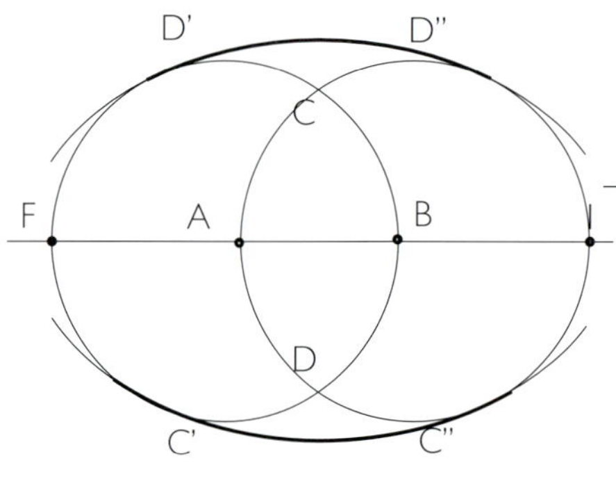

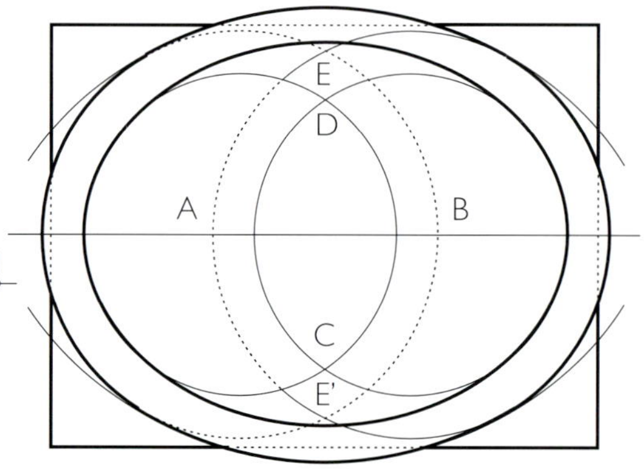

encadrement

Fenêtre hexagonale

Tracez le cercle de la dimension de la fenêtre et portez six fois le rayon sur la longueur de la circonférence. Joignez ces points pour tracer les côtés de l'hexagone.

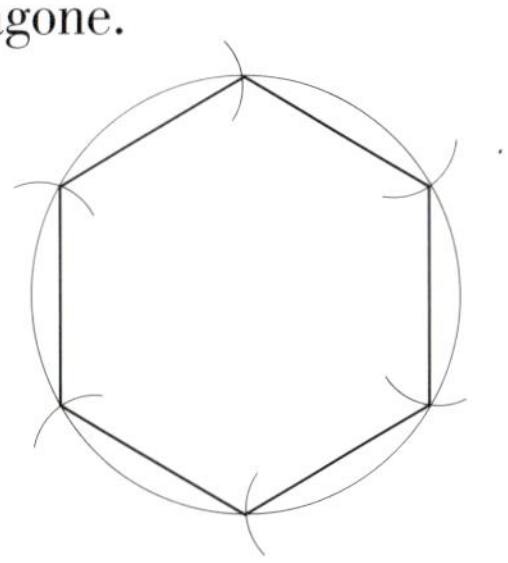

Fenêtre octogonale irrégulière

C'est un carré ou un rectangle à pans coupés. Tracez la fenêtre à angles droits et à partir des angles, au compas, tracez les repères des pans coupés.

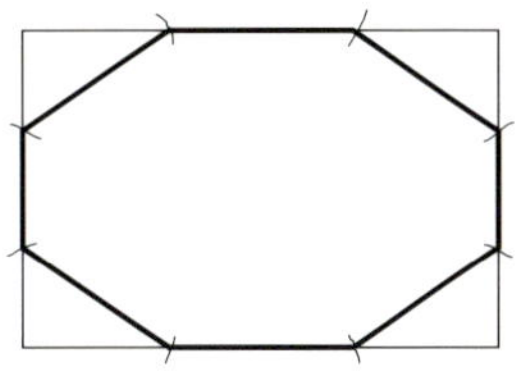

Fenêtre à coins arrondis

Cherchez la courbure à donner à l'angle de la fenêtre.
Vous pourrez en déduire l'emplacement des centres des portions de cercle et tracer au compas les coins arrondis.
Tracez la fenêtre à angles droits, puis la bissectrice de chaque angle pour situer les centres des portions de cercle.

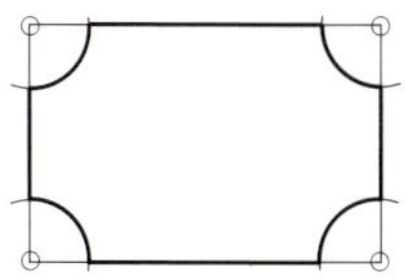

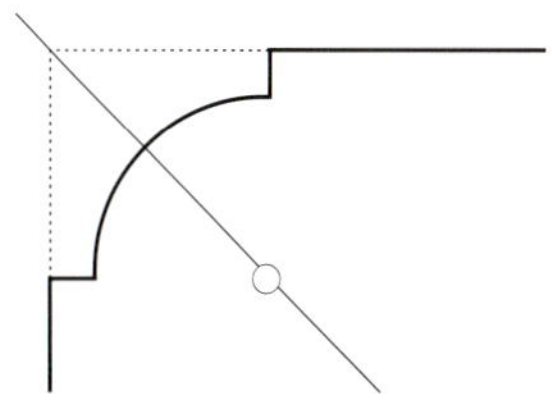

Tracez la fenêtre à angles droits, puis la médiatrice du côté à arrondir. Placez le centre du cercle sur cette médiatrice pour tracer la courbure.

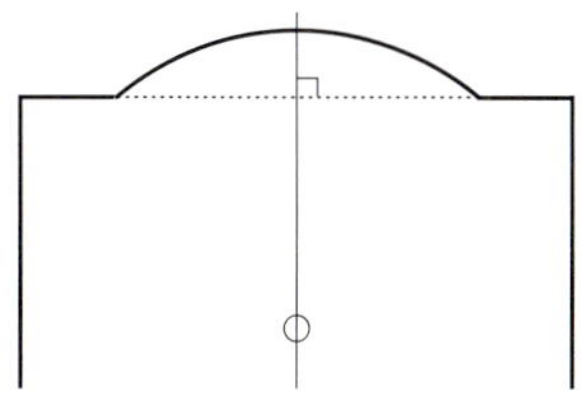

Fenêtre octogonale régulière

Tracez le cercle de diamètre égal à la dimension choisie pour la fenêtre-image. Tracez quatre diamètres faisant entre eux un angle de 45°. Tracez les tangentes au cercle, perpendiculairement à chacun de ces diamètres.

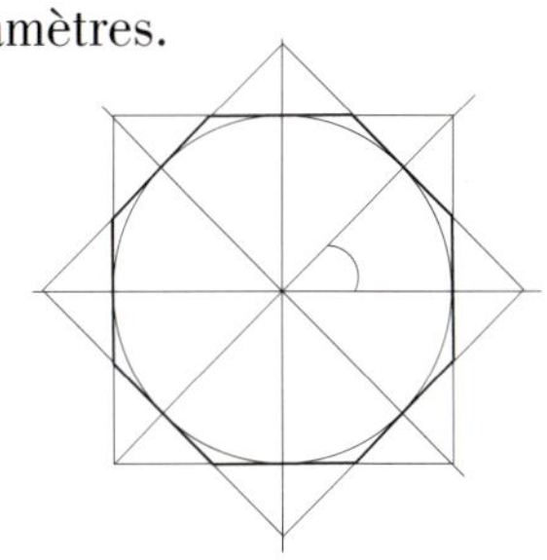

Coupe et collage des rembords de ces différentes fenêtres

Fenêtres octogonales

Fabriquez un gabarit d'angle en carte bulle pour couper le rembord dans la bissectrice de l'angle de la fenêtre.

Fenêtres rondes, ovales et à coins arrondis

Pour toutes fenêtres à courbure concave, découpez le rembord d'habillage en lanières de 2 mm de large en laissant 1 mm non coupé contre la fenêtre.

FENÊTRE-IMAGE DU PASSE-PARTOUT
COURBURE CONCAVE

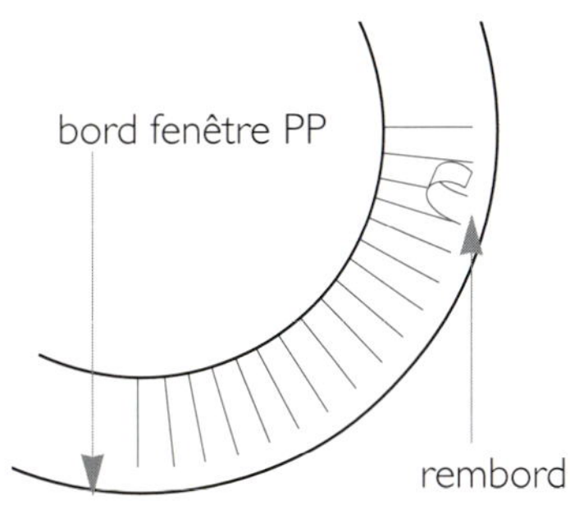

Pour les courbures convexes : découpez le rembord à 1 mm du bord de la fenêtre, en le crantant.

FENÊTRE-IMAGE DU PASSE-PARTOUT
COURBURE CONVEXE

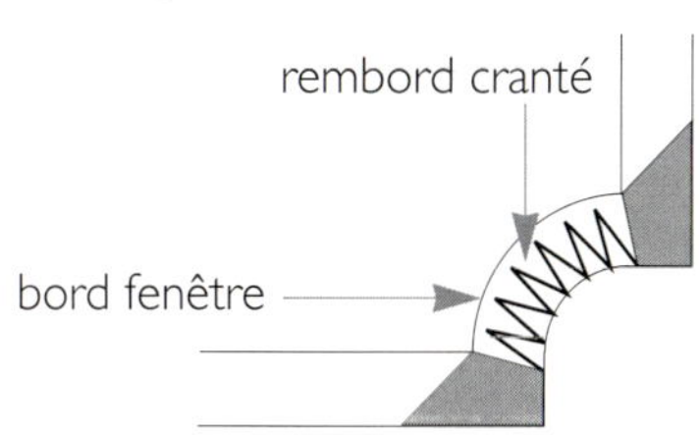

SOINS À APPORTER AUX DOCUMENTS ANCIENS

S'IL EST SOUHAITABLE DE NETTOYER UNE VIEILLE GRAVURE AVANT DE L'ENCADRER, IL NE FAUT JAMAIS PRENDRE LE RISQUE DE LA DÉTÉRIORER DAVANTAGE PAR DES MANIPULATIONS. SI ELLE EST TRÈS ENDOMMAGÉE, DEMANDEZ CONSEIL À UN SPÉCIALISTE DE LA RESTAURATION.

NETTOYAGE À SEC

Matériel :
Gomme en poudre
Coton hydrophile
Buvard blanc

Il consiste en un dépoussiérage avant de fixer la gravure dans son encadrement.
Si la gravure est libre de tout support, posez-la sur un buvard blanc propre, déposez un peu de gomme en poudre et nettoyez d'une main avec un tampon de coton en un mouvement tournant, en maintenant le document de l'autre main. Si le document est déjà collé sur un support, décollez-le pour éviter de le crever. Décollez à la vapeur au-dessus d'un fer à vapeur ou d'une bouilloire. Protégez la gravure par une serviette pour éviter la formation de gouttes sur le dessus du document.

NETTOYAGE PAR TREMPAGE

Matériel :
1 bac pour baigner le document
Du non-tissé (Vlieseline) vendu en mercerie
Eau de Javel
Hyposulfite de sodium
Buvard blanc

Si la gravure est très sale : taches, auréoles, seul le trempage peut atténuer les salissures.
Attention : dans le cas d'une gravure colorée, faites un test de couleur avec un coton, dans un coin par exemple, pour vous assurer que la couleur ne «coule» pas au trempage.
Si la couleur est stable, le document peut être trempé, «plongé» dans l'eau.
Si la couleur «coule», baignez le document en le faisant flotter à la surface de l'eau.
1. Préparez un 1er bain d'eau tiède pour atténuer les auréoles.
2. Coupez un morceau de non-tissé un peu plus grand que le document. Posez le document sur le non-tissé.
3. Baignez une demi-heure (faites entrer le document du bout des doigts pour chasser la poche d'air entre la surface de l'eau et le non tissé).

BLANCHIMENT

Matériel :
Idem nettoyage par trempage

1. S'il reste des taches, remplissez le bac d'eau froide. Ajoutez l'eau de Javel, au maximum 5 g par litre d'eau, soit un bouchon pour un litre (n'utilisez pas l'eau de Javel en paquet plastique dont la concentration est trop forte mais plutôt de l'eau de Javel en bouteille).
Baignez la gravure posée sur le non tissé par plongée ou par flottaison (temps du bain : quinze minutes maximum).
2. Rincez à l'eau claire dans le bac propre (durée cinq minutes).
3. Préparez une solution d'hyposulfite à 10 g par litre d'eau, dissolvez bien avant de replonger le document (durée du rinçage : 15 minutes).
4. Rinçez à l'eau courante en plaçant sous un mince filet d'eau pendant une heure, pour éliminer les traces de produits utilisés dans les bains précédents (le filet d'eau ne doit pas couler sur le document, mais dans un angle du bac).
Mettez le document à sécher sur un buvard.

Réencollage

Matériel :
Du non-tissé (Vlieseline) vendu en mercerie
1 plaque de Plexiglas

Posez le document sur un non tissé, encollez une 1ère face. Retournez l'ensemble sur un second non-tissé, retirez délicatement le premier et encollez la 2e face.
Laissez sécher à l'air libre sur le non-tissé placé sur une plaque de Plexiglas.

Séchage

Attendez que le document soit presque sec (légèrement humide) pour le mettre sous presse entre deux buvards.

Déchirures

Matériel :
Pelure de papier japon
Colle Tylose
Brosse à colle fine
Du non-tissé (Vlieseline) vendu en mercerie
Buvard blanc

1. Découpez, dans la pelure de japon, une bande qui couvre largement la déchirure.
2. Encollez le dos de la déchirure à la Tylose. Posez la pièce, lissez-la à la Tylose avec une brosse à colle fine.
3. Mettez sous presse en intercalant un non-tissé entre la pièce et le buvard pour éviter que le buvard ne colle au document.

Doublage

Matériel :
Pelure de papier japon ou simili-Japon
Plastique souple
Colle Tylose
Brosse large
Plaque de verre
Scalpel à lame arrondie
Buvard blanc

Lorsque le document est en très mauvais état, un doublage est nécessaire pour le consolider. Ce doublage se fait toujours avec un papier plus fin pour ne pas provoquer de tensions (pelure de papier japon ou simili japon).
Attention, le simili japon à un sens d'allongement (voir «Sens du papier» page 31), faites-le coïncider avec le sens d'allongement du document.
1. Placez le document à plat, face envers vers vous, sur un plastique souple (plastique pour couvrir les livres par exemple). Encollez-le.
2. Posez la doublure sur une plaque de verre, encollez-la à la Tylose avec une brosse large et lissez pour qu'il n'y ait pas d'épaisseurs.
3. Retournez le plastique avec le document sur la doublure.
4. Retirez le plastique. Chassez les bulles d'air au buvard et au plioir.
Faites coïncider les bords de la déchirure.
5. Mettez sous presse au moins trois heures.

Trous

Matériel :
Épingles
Pelure de papier japon
Colle Tylose
Brosse fine
Plastique souple
Du non-tissé (Vlieseline) vendu en mercerie

1. Cherchez un papier équivalent à celui du document à réparer. Faites coïncider les sens d'allongement et découpez une pièce plus grande que le trou à réparer. Placez-la sous le document (placé face endroit vers vous).
2. Perforez la pièce avec une épingle sur le contour du trou. Déchirez-la le long du piquage.
3. Préparez une doublure de pelure de japon, plus grande que le trou à garnir, tournez le document sur l'envers, placez la pièce, encollez-la à la Tylose ainsi que le document sur 1 cm tout autour du trou.
4. Posez la doublure de pelure de japon, lissez-la à la brosse fine. Retournez sur un plastique, vérifiez que les bords de la pièce sont bien en place. Mettez sous presse entre deux pièces de non-tissé.

Défroissage

1. Encollez le document sur l'envers à la Tylose diluée et laissez le papier s'imprégner.
2. Lorsque le document est encore humide mais non poisseux, mettez-le sous presse en intercalant une pièce de non tissé entre le dos du document et le buvard.
Temps de presse : deux heures.

LES TECHNIQUES GÉNÉRALES VUES PRÉCÉDEMMENT SERONT LA BASE DE TOUT ENCADREMENT. MAIS LA POSE D'UN SIMPLE PASSE-PARTOUT NE SUFFIRA PAS À METTRE LE DOCUMENT EN VALEUR ET À LE PROTÉGER.

LES TECHNIQUES VARIÉES DE BISEAUX (45° - DROIT - FRANÇAIS) PERMETTENT DE MIEUX PROTÉGER LE DOCUMENT EN CRÉANT UN VOLUME ENTRE CELUI-CI ET LE VERRE.

ELLES OFFRENT AUSSI DE NOMBREUSES POSSIBILITÉS CRÉATIVES ET ORNEMENTALES.

2

Techniques particulières

Le biseau à 45°

C'EST CELUI QUE L'ON TROUVE LE PLUS SOUVENT DANS LES EXPOSITIONS ET CHEZ LES ENCADREURS. IL DONNE À L'ENCADREMENT UNE PROFONDEUR AGRÉABLE À L'ŒIL. ON PEUT L'UTILISER DANS PRESQUE TOUS LES CAS SANS FAIRE D'ERREUR.

Vue en coupe du travail à réaliser

En général le biseau sera réalisé dans du carton de 3 mm d'épaisseur mais il peut aussi être taillé dans du 2 mm d'épaisseur pour de très petites fenêtres-images.

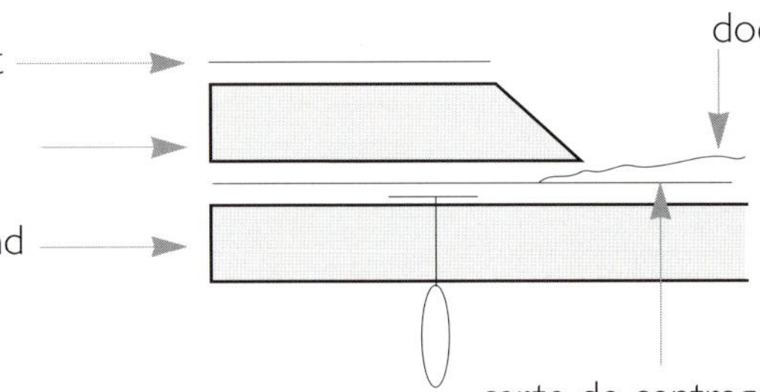

Dimensions à donner aux éléments de la marge

EXEMPLE

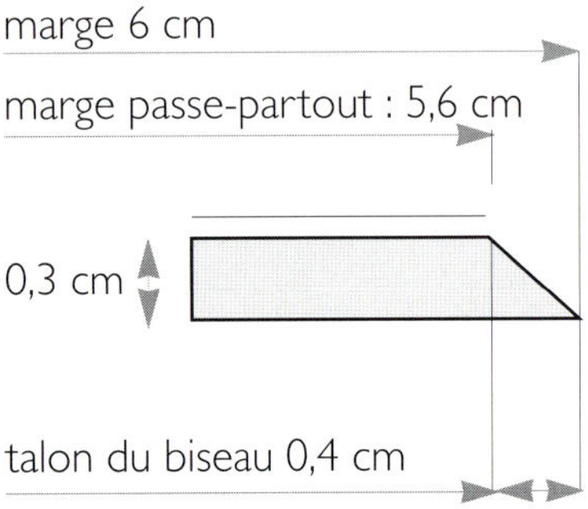

Carton à biseau de 0,3 cm d'épaisseur : comptez 0,4 cm pour le talon du biseau.

Carton à biseau de 0,2 cm d'épaisseur : comptez 0,3 cm de talon.

▶ 1 Coupez tous les cartons suivant la technique de base. Habillez le passe-partout et rembordez-le. Posez-le sur le carton à biseau en le calant sur les angles de celui-ci. Tracez au portemine le contour de la fenêtre-image du passe-partout sur le carton à biseau. Faites un 2e tracé pour déterminer l'emplacement de la règle. Ouvrez le biseau en dépassant de 1cm les angles de la fenêtre.

Coupe de la fenêtre-image

▶ 2 Coupez les bandes d'habillage du biseau de 3 cm de large et de 4 cm de plus que le côté du biseau à habiller et pliez-les en tenant compte du sens du papier (voir page 31). Un pli si le papier est mince, deux plis au compas pointes sèches si le papier est suffisamment épais.
Ajustez avec beaucoup de précision la 1re bande sur l'un des côtés du biseau, en découpant ses angles à 45°.

Plis au compas pointes sèches

3 Encollez l'intérieur de la bande, mettez-la en place en positionnant les plis sur les arêtes du biseau.
Lissez avec le plioir.
Lorsque vous avez posé le 1er côté, procédez de la même façon, en tournant pour les trois autres côtés du biseau, bande après bande.

4 Fixez le passe-partout au carton biseau, en encollant l'envers du passe-partout. Faites un collage léger sans dépasser les bordures de la marge afin d'éviter les taches de colle. Mettez sous presse. Terminez le paquet suivant la méthode et les indications décrites page 26.

Le biseau droit

LE BISEAU DROIT EST RÉALISÉ EN CARTON DE 2 MM OU 3 MM D'ÉPAISSEUR. IL EST PLACÉ ENTRE LE PASSE-PARTOUT ET LE DOCUMENT. SA COUPE À 90°, STRICTE ET SOBRE, LE FAIT APPRÉCIER POUR L'ENCADREMENT D'ŒUVRES CONTEMPORAINES OU POUR DES DESSINS DONT LA PURETÉ DU TRAIT MÉRITE D'ÊTRE SOULIGNÉE.

Vue en coupe du travail à réaliser

1er CAS : COUPE DU CARTON
BISEAU À L'APLOMB DE LA FENÊTRE DU PASSE-PARTOUT

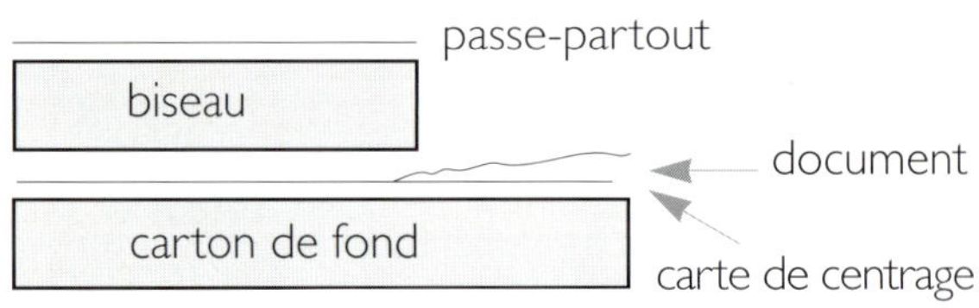

2e CAS : COUPE DU CARTON
BISEAU AVEC UN DÉCALAGE EN AVANT

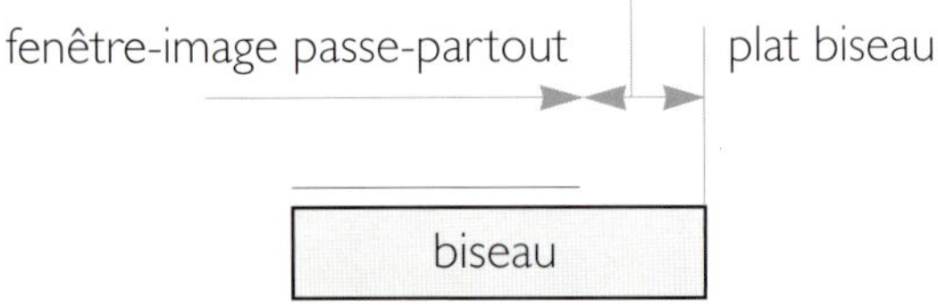

3e CAS : COUPE DU CARTON BISEAU
EN RETRAIT DE LA FENÊTRE-IMAGE DU PASSE-PARTOUT

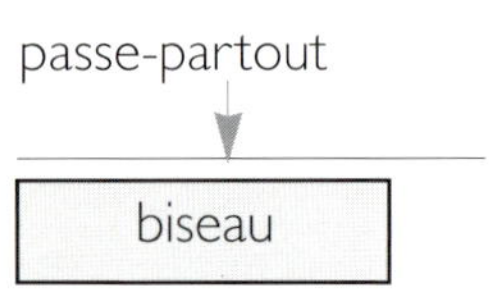

Dimensions à donner aux éléments de la marge

EXEMPLE

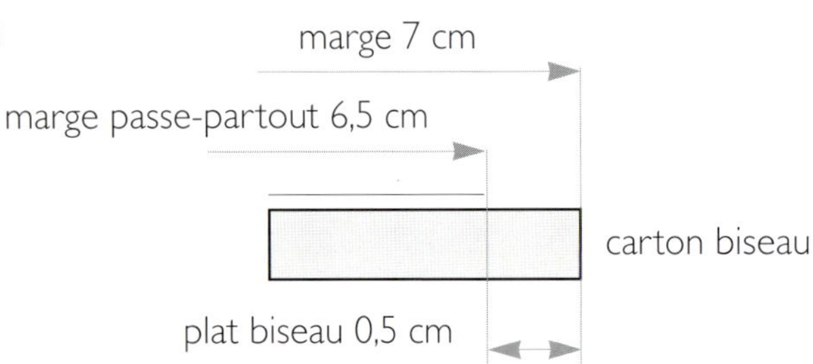

Ci-dessus, dans le 1er et le 3e cas, la valeur de la marge est celle du passe-partout.

▶ **1** Posez le passe-partout habillé et rembordé sur le carton à biseau. Tracez au porte-mine le contour de la fenêtre-image du passe-partout sur le carton biseau. Dans les 2e et 3e cas, portez le décalage entre la fenêtre et l'arête du carton à biseau avec le compas pointes sèches, à partir du tracé. Tracez le contour du biseau passant par ces points. Ouvrez le carton biseau en coupe droite.

Ouverture du carton à biseau en coupe droite

▶ **2** Coupez les bandes d'habillage de 3 cm de large et de 4 cm de plus que le coté du biseau à habiller. Attention au sens d'allongement du papier (voir page 31). Pliez la bande, placez-la ouverte sur l'arête du biseau. Marquez au crayon un repère d'angle. Coupez à 90° la partie inférieure du rembord de façon à dégager une languette.

Découpe des bandes d'habillage

▶ **3** Collez l'intérieur de la bande jusqu'à l'angle et mettez-la en place en commençant sur le dessus du biseau. Coupez les languettes dans la diagonale et collez-les. Procédez en tournant, pour les quatre côtés du biseau, bande après bande. Fixez le passe-partout au carton à biseau par un collage léger en encollant l'envers du passe-partout.

Coupe et collage des languettes dans la diagonale

Les biseaux imbriqués

MONTAGE TRÈS COLORÉ OU EN DÉGRADÉ PAR LE PASSAGE MULTIPLE DE BISEAUX DROITS OU À 45° EN BORDURE DE LA FENÊTRE-IMAGE.

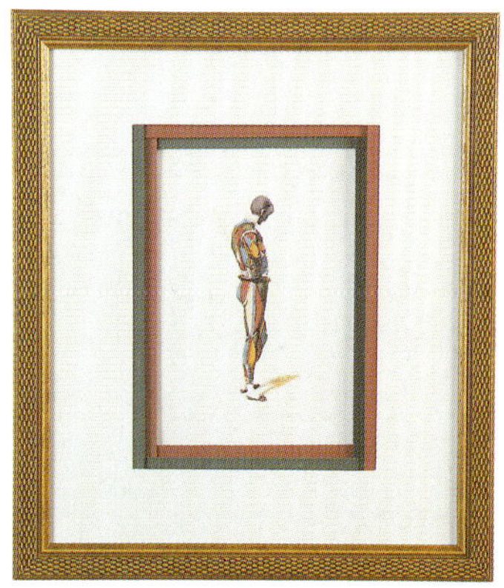

Vue en coupe du travail à réaliser

Pour deux biseaux visibles par côté, coupez quatre passe-partout et quatre épaisseurs de carton à biseau.
Pour trois biseaux visibles : six passe-partout et six cartons à biseau.

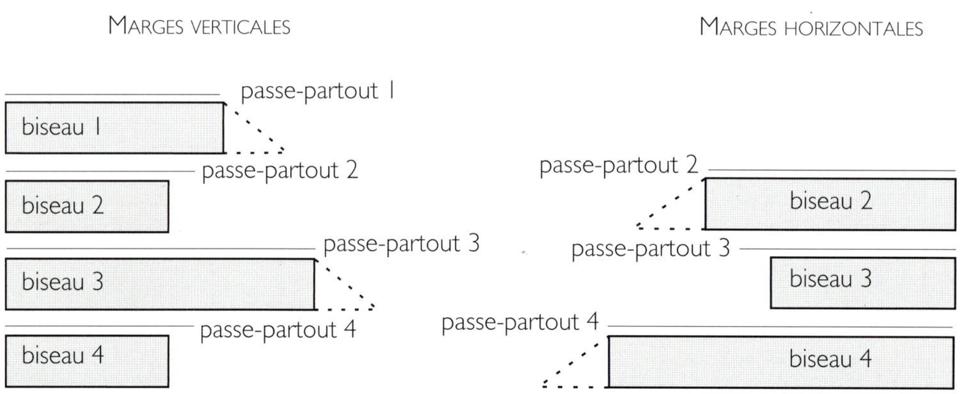

1 Pour réaliser le passe-partout n°1, ouvrez la fenêtre dans le passe-partout n°1 à la valeur de la marge.

PP N° 1

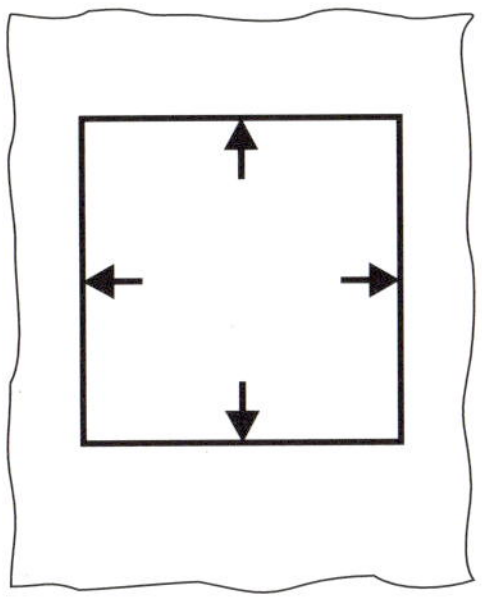

Dans les schémas, les flèches indiquent les lignes de coupe

2 Ouvrez le passe-partout n°2, identique au passe-partout n°1.

PP N° 2

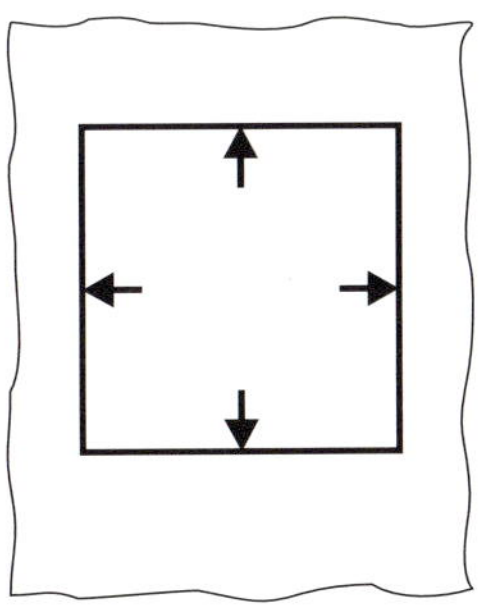

3 Pour le passe-partout n°3, portez le tracé de la fenêtre du passe-partout n°1. Portez le décalage sur les verticales et coupez sur ces deux nouvelles lignes et sur le tracé du passe-partout n°1 pour les horizontales.

PP N° 3

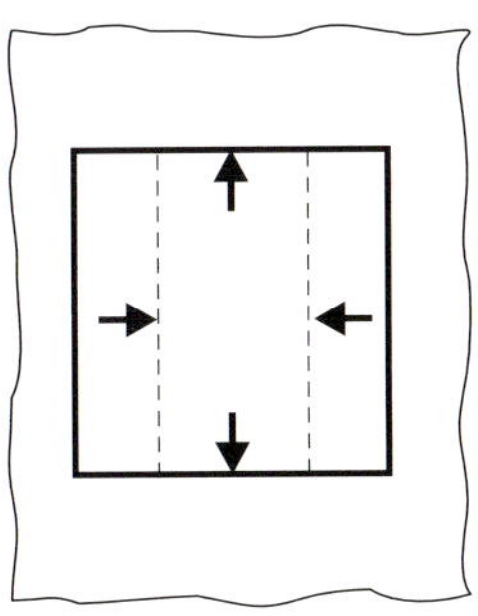

4 Pour le passe-partout n°4, portez le tracé de la fenêtre du passe-partout n°1. Portez le décalage entre les passe-partout sur les horizontales, coupez sur ces deux nouvelles lignes et sur le tracé du passe-partout n°1 pour les verticales.

PP N° 4

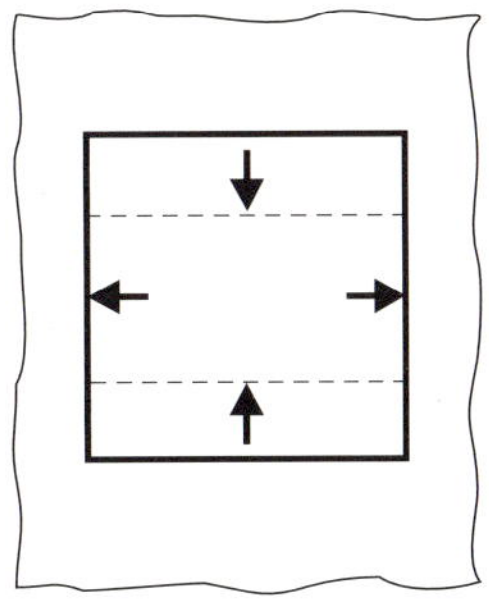

5 Lorsque les fenêtres sont ouvertes dans tous les passe-partout, coupez le passe-partout n°1 dans le prolongement de la fenêtre sur les lignes verticales. Ne gardez que les deux bandes verticales et habillez les passe-partout.

6 Dans le carton à biseau, coupez les biseaux adaptés à chaque passe-partout et habillez-les.

7 Collez entre eux passe-partout et biseaux pour un bon centrage dans le paquet.

Exemple de répartition des éléments de la marge

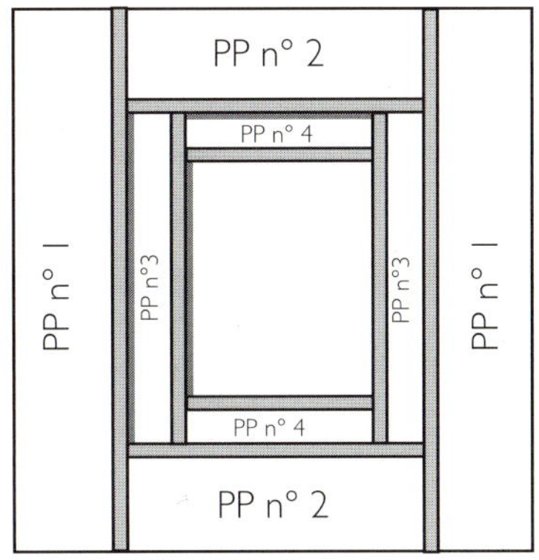

Calcul de la valeur de la marge :
marge PP n° 1
+ talon du biseau n° 1
+ décalage PP n° 3
+ talon du biseau n° 3
Talon du biseau = 0,4 cm
pour un biseau à 45°.
Talon du biseau à déterminer
pour un biseau droit.

Dans l'exemple ci-dessous, le passe-partout n°1 est découpé horizontalement
Il est possible de recouvrir partiellement les passe-partout n°1 et n°2 par un passe-partout supplémentaire si l'on ne souhaite pas avoir la première ligne marquée jusqu'aux bords extérieurs de la marge. Il est possible aussi d'imbriquer uniquement les biseaux, avec un seul passe-partout. Dans ce cas, le décalage à porter entre chaque biseau est égal au talon de celui-ci.

LA SOUS-CARTE

LA SOUS-CARTE EST UN ÉLÉMENT QUI SOULIGNE ET APPORTE LE RAFFINEMENT À L'ENCADREMENT. ELLE SE PLACE SOUS LE PASSE-PARTOUT OU SOUS LE BISEAU OU LES DEUX. ELLE EST GÉNÉRALEMENT ÉTROITE : DE 0,1 À 0,3 CM, MAIS PEUT AUSSI REMPLACER UN DEUXIÈME PASSE-PARTOUT AVEC UN DÉPASSEMENT DE 0,5 À 1 CM. LA TECHNIQUE VARIE SELON LE GRAMMAGE DU PAPIER UTILISÉ.

EXEMPLES DE SOUS-CARTES

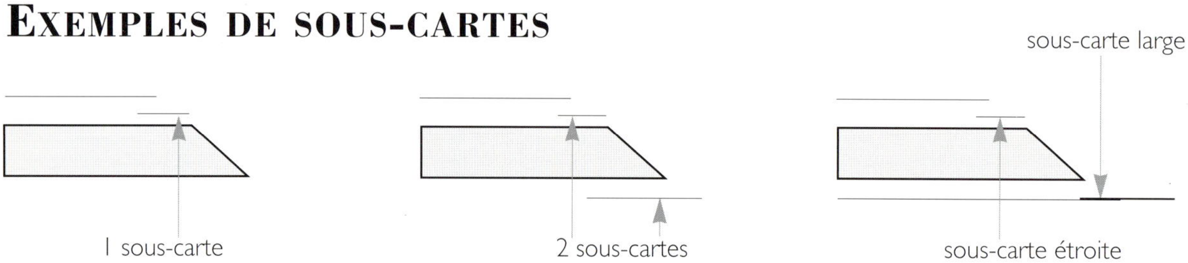

DIMENSIONS À DONNER AUX ÉLÉMENTS DE LA MARGE

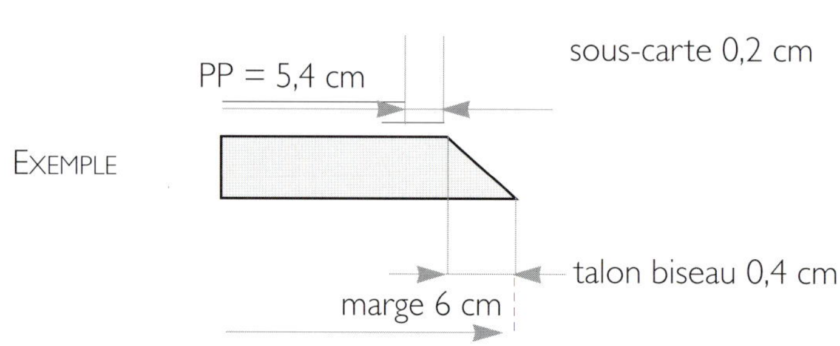

Grammage fort

▶ **1** Coupez quatre bandes sous-carte de 3 cm de largeur et de la longueur des côtés de la fenêtre à garnir plus 2 cm, en tenant compte du sens d'allongement du papier (voir page 31). Pour le 1er côté, marquez quelques repères en bordure de la bande, au compas pointes sèches, pour marquer la valeur de la sous-carte.

Marquage des repères sur la bande sous-carte

▶ **2** Coupez un angle à 45°, positionnez la bande sous un des côtés de la fenêtre à garnir. Tracez le 2e angle de la fenêtre sur la bande et coupez-le à 45°. Encollez le dos de la fenêtre à garnir d'un filet de colle. Posez la bande en place.

3 Garnissez le côté opposé au premier de la même manière. Puis collez les bandes sous les deux autres côtés sans découpe d'angle.

Mise en place de la bande sous-carte

Conseil :
Pour une sous-carte de plus de 0,3 cm de large, même les papiers «grammage fort» se déformeraient.
On appliquera donc la méthode utilisée pour les grammages très légers, avec une carte supplémentaire.

Grammage léger

1 Coupez les quatre bandes sous-carte comme dans le cas d'un grammage fort.

2 Tracez sur chacune des bandes un trait de plioir sur l'envers, pour marquer le milieu dans le sens de la longueur. Pliez sur le trait et encollez toute la longueur d'un filet de colle. Mettez sous presse quinze minutes.

3 Les bandes ainsi pliées et collées seront mises en place suivant la méthode précédente (voir page 45).

Grammage très léger

Il s'agit par exemple du papier or ou du papier japon. Même doublé ce papier n'aurait pas de tenue sous la fenêtre à garnir.
Il est nécessaire de couper une carte supplémentaire aux mêmes dimensions que les autres éléments du paquet (carte bulle ou carte Rigidex 250 pour un travail plus fin).

1 Ouvrez la fenêtre du passe-partout et tracez cette fenêtre sur la carte Rigidex.
Au compas pointes sèches portez à l'intérieur de ce tracé la valeur de la sous-carte et ouvrez la fenêtre de la sous-carte.

2 Découpez quatre bandes sous-carte de 3 cm de large et de 2 cm de plus que la longueur des côtés de la fenêtre à habiller.

3 Pliez les bandes au milieu dans le sens de la longueur. En prenant la mesure du côté à habiller, coupez les angles à 45° avec le gabarit d'angle.

4 Encollez l'intérieur des bandes puis mettez-les en place suivant la méthode précédente (voir page 45).

Application de la sous-carte aux différentes formes de fenêtre-image

Pour les fenêtres octogonales, fabriquez dans une carte bulle un gabarit d'angle correspondant à la bissectrice pour pouvoir tailler l'angle des bandes de la sous-carte.
Pour les fenêtres rondes ou ovales, taillez une 2e carte et habillez-la comme un passe-partout.

Application de filets sur le passe-partout

Comme la sous-carte, le filet apporte élégance et raffinement.
En général, le filet est de 0,2 cm et est placé à environ 1 cm de la fenêtre-image. Il peut remplacer un décor de lavis, il sera alors plus large (de 0,5 à 1 cm).

1 Pour couper les filets dans la feuille de papier, tenez compte du sens du papier (voir page 31). Au compas pointes sèches, pointez la largeur du filet en bordure de la feuille et coupez au cutter le long du réglet à la longueur choisie plus 3 cm.

2 Sur le passe-partout, à partir des bords de la fenêtre, pointez deux repères par côté.

3 Au plioir, tracez le guide de collage des filets passant par ces repères.

Encollage du filet sur la plaque à glacis

◄ 4 Encollez la plaque à glacis de colle blanche. Au plioir, plaquez le filet à coller sur le glacis puis transférez-le sur le passe-partout en l'appliquant le long du guide de collage (placez deux petits rectangles de papier de protection aux extrémités du guide de collage sur le passe-partout pour éviter les taches de colle).
Laissez les deux extrémités du filet dépasser.

Coupe des angles des filets

◄ 5 Collez les quatre filets puis coupez les angles à 90° ou à 45°.

Conseil :
Un petit carton de protection placé sous chaque angle au moment de la coupe évite d'entamer le passe-partout avec la lame.

Le biseau inversé

LE BISEAU INVERSÉ PERMET DE PRÉSENTER LE DOCUMENT EN RELIEF ET DE DONNER DE L'IMPORTANCE À DES DÉTAILS LORSQUE LE DOCUMENT EST DE PETITES DIMENSIONS.

Vue en coupe du travail à réaliser

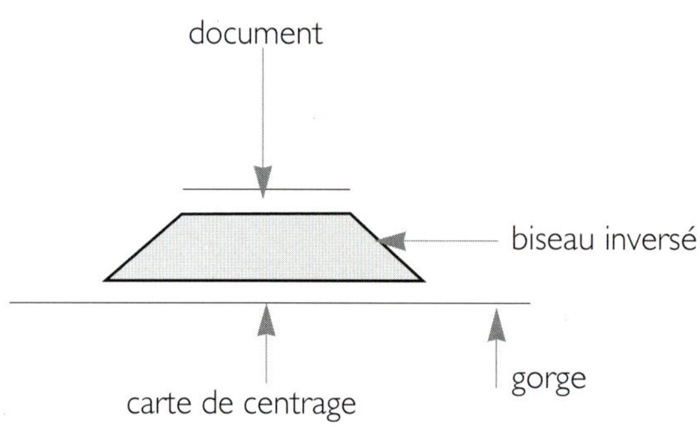

Souvent réalisé en 3 mm d'épaisseur, il peut être taillé en 2 mm d'épaisseur pour des documents de dimensions inférieures ou égales à 10 cm.

1 Portez le tracé du document sur le carton à biseau, et ouvrez le biseau avec le cutter à biseau, de manière que la pente s'écarte des bords du document.

2 Pour habiller le biseau, coupez quatre bandes dans le papier d'habillage de 3 cm de large et de 4 cm de plus que la longueur du côté à habiller en tenant compte du sens du papier (voir page 31).

3 Pliez les bandes sur les arêtes du biseau, marquez les repères d'angles et coupez à 45°.

4 Collez les bandes d'habillage et, avec un matériau de même épaisseur, comblez le dessus du carton pour que les bandes d'habillage ne s'impriment pas dans le document.

5 Fixez le document au biseau inversé habillé (voir «Fixation du document», page 23).

6 Choisissez la dimension de la gorge et celle de la marge pour déterminer les dimensions de tous les éléments du paquet. Terminez suivant la méthode du biseau 45° ou du biseau droit.

Conseil :
Dans ce type de montage, la carte de centrage du document est visible (gorge entre la base du biseau inversé et celle du biseau de la marge), vous devrez l'habiller comme un passe-partout. Les repères de centrage sur la gorge seront portés au plioir, dans les angles du biseau inversé pour ne pas salir la gorge. Si vous choisissez de mettre une cale sous la marge, habillez-la (voir «Habillage biseau droit», 3e cas page 40).

Exemples de biseaux inversés

▶ Biseau inversé dans un biseau

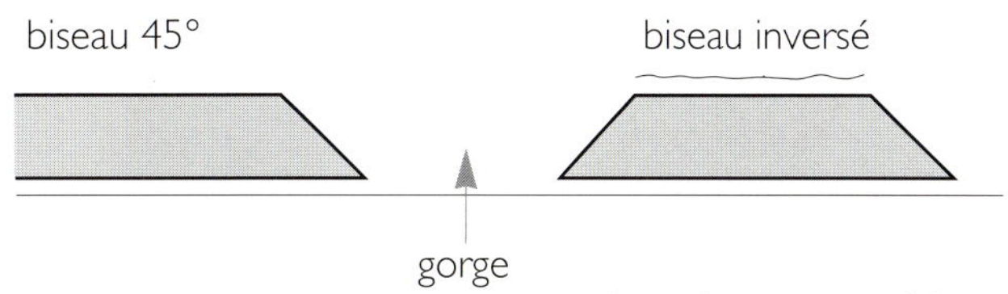

▶ Biseau inversé servant uniquement de cale non visible

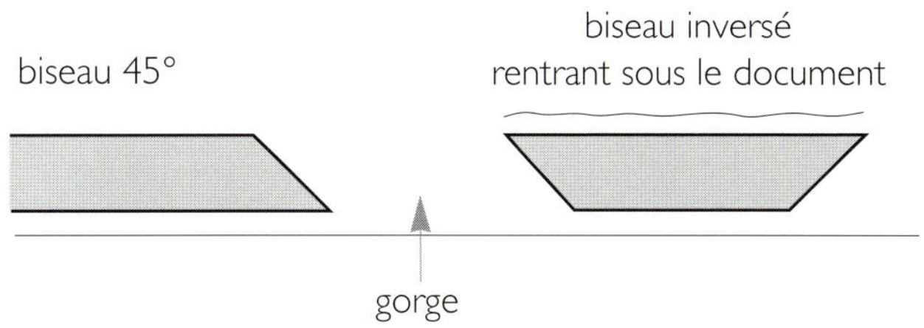

▶ Cale invisible permettant d'isoler le document du verre et donnant aussi une très jolie profondeur

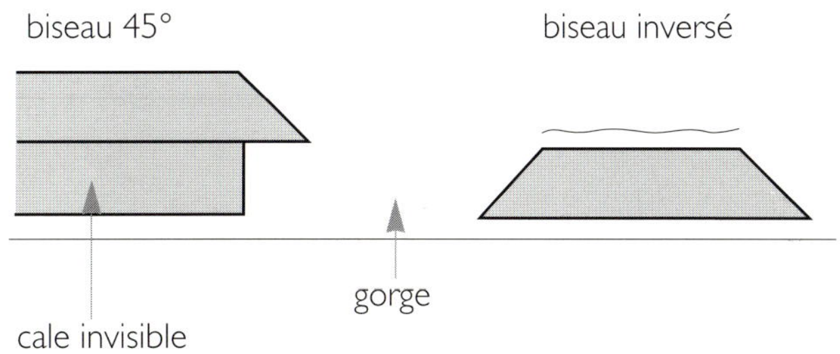

▶ Le document peut se trouver isolé du verre par un 2e biseau

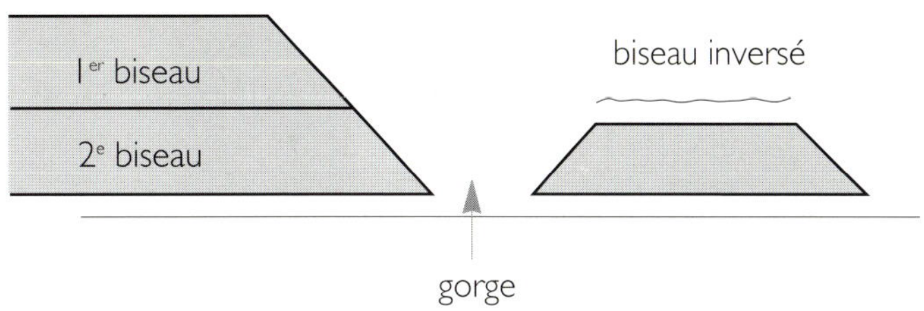

▶ Le document peut se trouver isolé du verre par des cales sur le biseau entre le biseau et le verre.

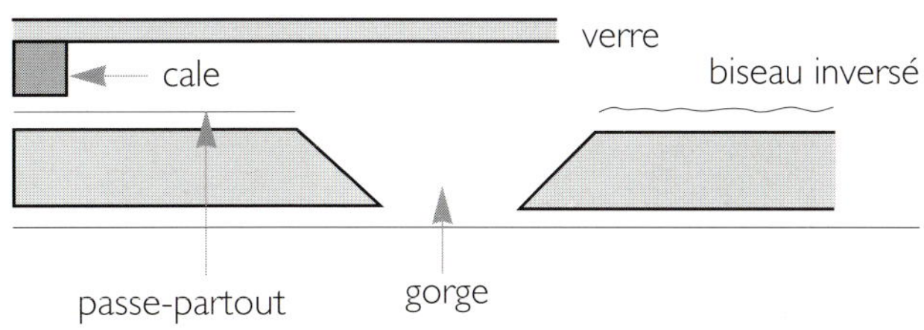

Le biseau d'accompagnement peut être coupé à 45° ou droit, et être associé, comme le biseau inversé, à des jeux de sous-cartes.

Le lavis

LE LAVIS CONVIENT AUX GRAVURES CLASSIQUES : SCÈNES DE CHASSE, DESSINS, GRAVURES DE VIEILLES DEMEURES, GRAVURES DE MODE. IL CONVIENT AUSSI À L'ENCADREMENT D'ŒUVRES CONTEMPORAINES DONT ON SOUHAITE SOULIGNER L'UNE DES COULEURS.

Le lavis est composé d'un ensemble de filets tracés à l'encre, ou appliqués, découpés dans du papier or ou du papier reliure, et d'une bande peinte à l'aquarelle.
Le lavis au pochoir, moucheté à l'éponge ou tamponné à la brosse dure convient souvent aux œuvres contemporaines et n'est pas nécessairement encadré de filets d'encre.

Le lavis traditionnel est un décor architecturé de filets d'encre qui bordent la fenêtre image et encadrent la bande peinte à l'aquarelle.
Ces filets sont d'épaisseur différentes et dans la plupart des cas plus épais en bordure de l'aquarelle. Ce sont ces tracés à l'encre et la transparence de la bande peinte qui feront son élégance.

Dans le lavis décoré, la bande peinte à l'aquarelle est accompagnée d'ornements empruntés au style de la gravure. C'est la juste proportion entre les éléments graphiques du document et ceux du décor de lavis qui feront la réussite de cet encadrement.

Matériel à lavis

Travaillez de préférence votre passe-partout dans du contrecollé. Il en existe de très belles gammes fabriquées spécialement pour les travaux de lavis. Si toutefois vous souhaitez faire vous même votre passe-partout, testez le papier avant de réaliser l'habillage, en traçant quelques traits à l'encre pour vous assurer que celle-ci ne fuse pas.
Pour la préparation du passe-partout, coupez la fenêtre-image suivant la méthode expliquée dans la partie «Techniques générales» (voir page 17).
Le passe-partout pourra être accompagné d'un biseau à 45°, mais celui-ci sera habillé du même papier que le passe-partout, car ce sont le lavis et le décor de filet qui créent la profondeur. Dans le cas d'un passe-partout de grandes dimensions, il est possible de réaliser un biseau (droit en retrait – voir «Biseau droit» page 40) pour assurer une bonne rigidité au passe-partout.
Quel que soit le choix du lavis (lavis au pochoir ou lavis traditionnel), il faut préparer un projet grandeur nature, sur une chute de contrecollé de la même couleur que le passe-partout.
Tracez les filets, puis déterminez l'emplacement du filet papier à appliquer.
Faites des tests de couleur ; attention, n'oubliez pas de préparer suffisamment de peinture pour pouvoir peindre ensuite le passe-partout dans sa totalité.
Évitez les intervalles trop réguliers entre les filets.

Matériel :

1 crayon-mine 0,5 - 2H
1 tire-ligne pour tracer les filets à l'encre ou 1 stylo à recharge
1 pinceau à lavis pur petit gris de 1 cm de diamètre minimum
1 règle antitaches
Encres noire et sépia pour les filets
1 boîte d'aquarelles ou des encres de couleurs pour peindre le lavis
1 compas tire-ligne pour les lavis en rond
2 pinceaux-mousse pour peindre les lavis à l'ancienne
De petits morceaux de mousse (éponge) pour le lavis au pochoir
1 rouleau de ruban adhésif repositionnable pour le lavis au pochoir
1 gabarit à lavis pour pointer les repères dans les angles (fabriquez-le en contrecollé avec un carré de 8 cm de côté et une réglette de 1,5 x 25 cm collée en lisière de la diagonale)
1 tube de gouache or
1 tube de gouache argent
Contrecollés spécialement collés pour les travaux de lavis (toutes les teintes claires), papier or, papier argent, papier marbrés pour les filets appliqués.

Lavis au pochoir

Au portemine, portez sur la réglette du gabarit à lavis les points correspondants au décor réalisé sur le projet. Reportez-les avec précision dans les angles de la fenêtre du passe-partout.

Lavis au pochoir

Collez les bandes de ruban adhésif repositionnable d'un point d'angle à l'autre pour délimiter la surface à peindre. Tamponnez avec les petits morceaux d'éponge ou de coton la (ou les) couleur(s). Laissez sécher avant de retirer le ruban.
Il est possible pour ce lavis fantaisie de ne faire aucun filet à l'encre et d'habiller le biseau soit avec un papier de couleur, soit avec un papier peint avec les couleurs utilisées pour le décor.

Lavis traditionnel

Pointez les repères dans les angles avec le gabarit à lavis. Ne tracez au portemine que les contours de la réserve à peindre. Au pinceau, mouillez à l'eau claire la réserve.
Sur la surface humide, lorsqu'elle ne brille plus, coulez la couleur au pinceau. Commencez dans un angle, coulez la couleur jusqu'à l'autre angle, reprenez de la couleur au pinceau si nécessaire et coulez la couleur jusqu'à l'angle suivant. Travaillez rapidement pour revenir au premier angle avant qu'il ne soit sec.
Il est possible de faire un deuxième passage de couleur sur le premier, pour estomper les irrégularités.
Lorsque la couleur est sèche, tracez les filets à l'encre avec le tire-ligne (ou le stylo) et la règle antitaches en commençant par le filet le plus proche de la fenêtre et en tournant pour fermer les quatre côtés du filet. Laissez sécher les filets à l'encre et finissez en appliquant le filet papier entre deux filets d'encre (voir «Application de filets», page 47).

Lavis en rond

Suivez la méthode de construction de la page 32 (voir «Fenêtre ronde à écoinçons»).
Tracez au compas crayon (mine 2H) très léger le décor à peindre et les écoinçons sur le passe-partout.
N'ouvrez pas la fenêtre-image.
Travaillez comme pour le lavis traditionnel en coulant la couleur dans la réserve ronde.
Mouillez les écoinçons et peignez-les. Tracez tous les filets à l'encre. Ouvrez la fenêtre du passe-partout.

Lavis à l'ancienne

Il consiste en un dégradé, du plus clair au plus foncé (partant de la fenêtre jusqu'à la moulure).
Pour peindre la bande la plus foncée, utilisez les pinceaux-mousse afin de peindre rapidement toute la réserve.

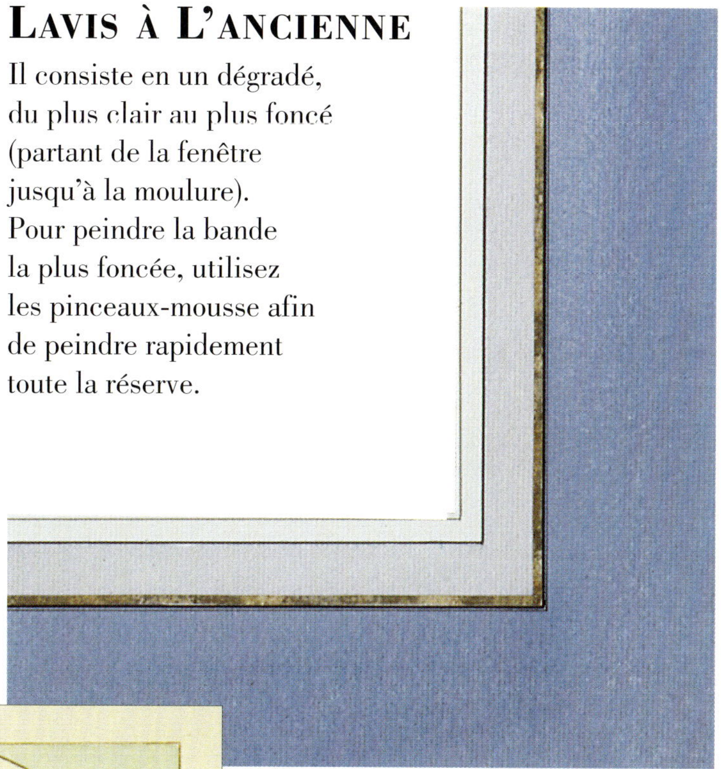

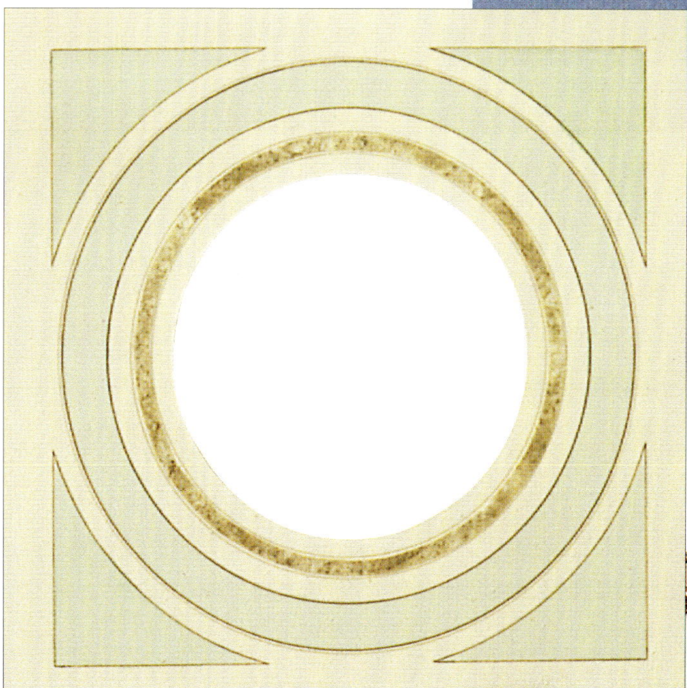

Lavis décoré

Il consiste en une ornementation à l'aide d'éléments repris sur le document (feuilles, fleurs, fruits, rubans). Les ornements sont dessinés sur un calque et transférés du calque au passe-partout avant d'être peints.

Pose du filet papier

Utilisez un papier souple. Travaillez-le sur la plaque à glacis en encollant la plaque d'un mélange de colle blanche et de Tylose (10%). Appliquez-le en plusieurs fragments si le cercle dépasse 10 cm de diamètre.

Le passe-partout fantaisie

L'INCRUSTATION D'ÉLÉMENTS EN RELIEF DANS LE PASSE-PARTOUT VOUS PERMETTRA DE GARDER UNE MARGE CLAIRE AUTOUR DE VOTRE DOCUMENT TOUT EN APPORTANT UNE NOTE DE FANTAISIE. AVEC LA MARQUETERIE DE PAPIER VOUS POURREZ PROLONGER LES MOUVEMENTS ET LES LIGNES DU DOCUMENT, JOUER LES CAMAÏEUX OU BIEN LES CONTRASTES.

Incrustations

Matériel :
- Papier cristal (pour façonner les éléments du relief)
- Embossoir
- Tylose diluée
- Colle blanche
- Fil-ficelle, carte bulle, Rigidex pour réaliser les éléments à incruster
- Papier d'habillage «grammage léger ou très léger», de préférence de couleur claire pour un bon relief

▶ **1** Pour préparer les éléments à incruster, découpez-les dans la carte choisie, limez-les et gommez-les avant de les coller à la colle blanche sur le passe-partout.

2 Préparez l'habillage du passe-partout suivant la méthode de collage «Grammage très léger» (voir page 18).

▶ **3** Façonnez les éléments à l'embossoir en marquant chaque contour sur le papier cristal.
Mettez sous presse et terminez suivant les méthodes habituelles.

Collage des éléments à incruster

Incrustation à l'embossoir

Marqueterie de papier

Matériel :
Tous papiers d'habillage (à condition de les choisir dans une même catégorie de grammage pour avoir des allongements identiques)
1 feuille de papier calque

1 Préparez le passe-partout et ouvrez sa fenêtre-image.

2 Sur la feuille de calque, tracez les bords extérieurs du passe-partout et ceux de la fenêtre ainsi que les motifs de la marqueterie. Coupez les feuilles de couleur aux dimensions extérieures du passe-partout. Superposez ces feuilles et posez le calque par-dessus en fixant l'ensemble aux quatre angles par une épingle.

Découpe des papiers pour la marqueterie

▲ **3** Coupez selon les tracés du calque les motifs de la marqueterie. Pour les motifs traversant la marge, prolongez ces coupes à l'intérieur de la fenêtre. Triez les pièces de couleur utilisées pour le décor puis collez-les sur le passe-partout suivant la méthode de collage appropriée au grammage du papier choisi (voir page 18).

LE BISEAU FRANÇAIS

NOTE DE RAFFINEMENT POUR UN PAYSAGE, D'ÉLÉGANCE POUR UN PORTRAIT ANCIEN, NOTE DE TENDRESSE SUR UN VISAGE D'ENFANT DANS UNE FENÊTRE RONDE OU OVALE, LE BISEAU FRANÇAIS NE POURRA QUE VOUS ENCHANTER. IL APPORTERA ÉGALEMENT UNE TOUCHE D'ORIGINALITÉ À VOS DOCUMENTS CONTEMPORAINS.

C'est grâce au mouvement impressionniste que l'on commence à reconnaître aux dessins une valeur décorative à part entière. C'est ainsi que, pour encadrer et protéger les œuvres «papier», naît une technique toute particulière à la France «le biseau français». Il est composé d'une carte incisée à mi-profondeur, maintenue sur un carton, «la brique» et collée à sa base à la sous-carte.

VUE EN COUPE DU TRAVAIL À RÉALISER

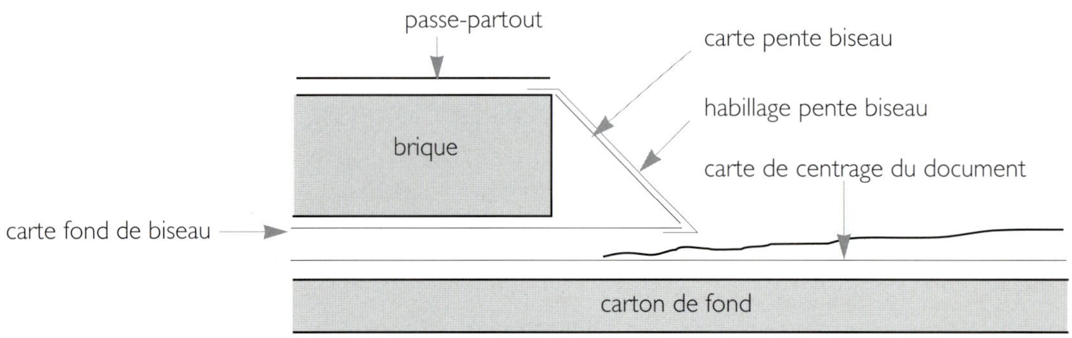

Les classiques

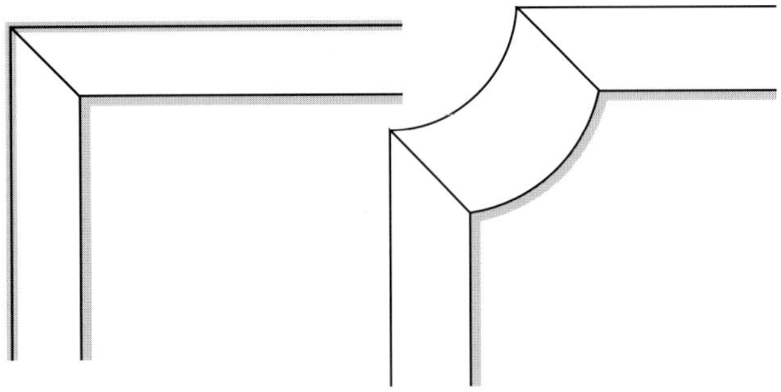

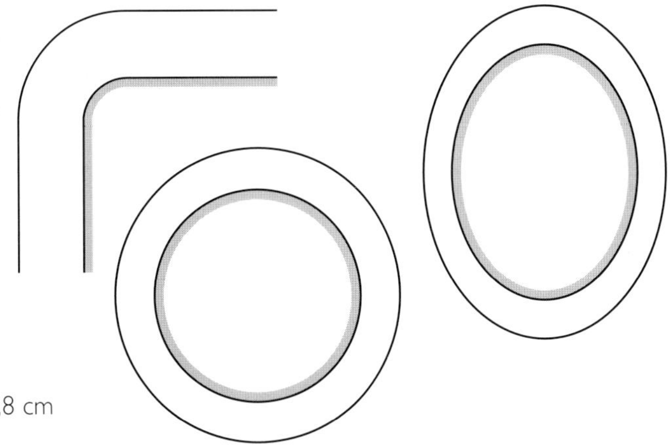

hauteur de la brique (profondeur du biseau) : entre 0,6 et 0,8 cm
talon du biseau (largeur du biseau) : entre 1,5 et 2,5 cm

Les incurvés

concave

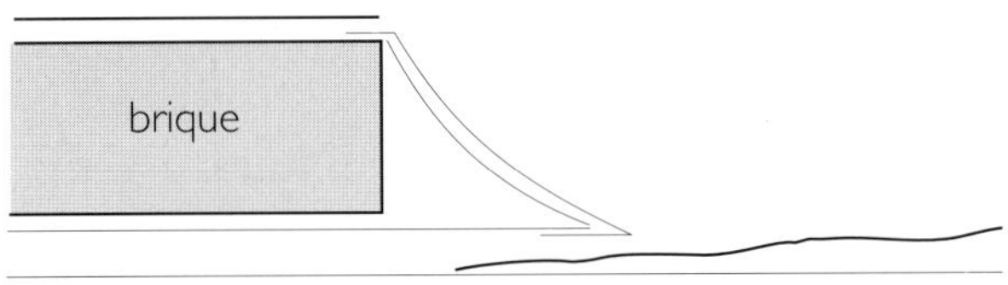

convexe

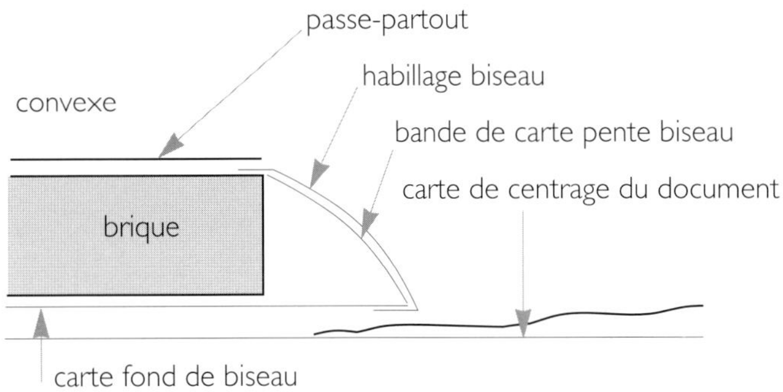

Les différents éléments

Le passe-partout
Carte bulle habillée ou contrecollée.

La brique
Superpositions de carton-bois pour les profondeurs de biseaux inférieures à 1 cm. soit deux fois 0,2 mm (biseaux rond et ovale) deux fois 0,3 mm (pour les plus classiques) ; carton-mousse pour les profondeurs supérieures ou égales à 1 cm afin de limiter le poids dans le paquet (encadrements contemporains et boîtages à pentes).

La carte fond de biseau
En carte bulle, elle tiendra la base de la bande biseau.

La bande de carte pente biseau
En carte Rigidex pour les biseaux de petites tailles (longueur de biseau inférieure ou égale à 15 cm, largeur de biseau inférieure ou égale à 2 cm) En carte bulle pour les biseaux de dimensions supérieures ou égales à 15 x 2 cm

Habillage du biseau
Tous matériaux avec une préférence pour les grammages légers et très légers. Carte de centrage du document en carte bulle. Carton de fond en 0,3 cm d'épaisseur à partir de 30 x 40 cm à cause du poids dû à la superposition des cartons dans le paquet.

Les contemporains

fenêtre-image régulière biseau de largeur irrégulière

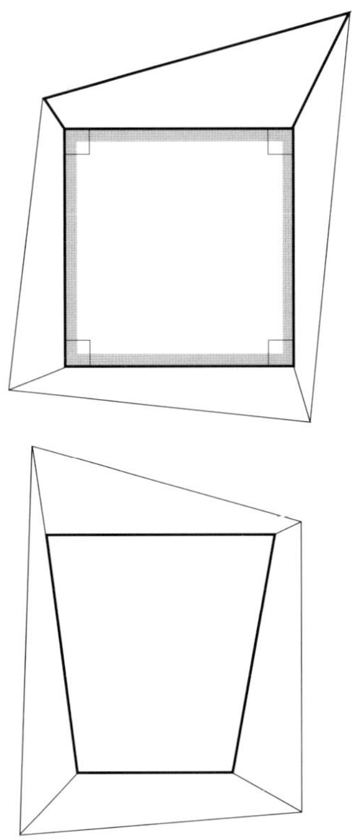

Fenêtre-image à angles droits

1 Après avoir choisi la largeur de la marge et celle du talon du biseau, déterminez les dimensions de tous les éléments du paquet et coupez-les.

2 Ouvrez la fenêtre-image du passe-partout et celle de la carte fond de biseau. Après avoir vérifié l'équerrage de ces deux fenêtres, habillez le passe-partout.

3 Tracez le contour de la fenêtre du passe-partout sur le premier carton de la brique. Ouvrez sur ce tracé en coupe droite et répétez cette opération sur chacun des cartons de la brique.

4 Assemblez les éléments de la brique par un collage en plein et la brique à la carte de fond de biseau par un collage de maintien (collage léger, pour éviter la déformation de la carte fond de biseau).

5 Préparez les bandes de doublure de carte pente biseau en carte Rigidex ou carte bulle suivant les dimensions (voir page 57). Mesurez la pente du biseau entre l'arête supérieure de la brique et celle de la carte fond de biseau. Coupez les quatre bandes de carte à la largeur mesurée et à la longueur de chacun des côtés du biseau. Vérifiez les bandes en place et numérotez-les sur l'envers.

▼**6** Habillez les bandes carte pente biseau des deux grands côtés en tenant compte du sens du papier (voir page 31) et en prévoyant 2 cm de plus tout autour pour les rembords. Encollez le dessus de la carte pente biseau et posez l'habillage sur la colle. Mettez sous presse cinq minutes. Marquez au plioir le pli des rembords, sur toute la longueur, en bordure de la carte pente biseau. Pour la découpe des angles d'habillage, posez la bande en place et pointez les repères d'angles, à la base du rembord inférieur. Coupez à 90° l'angle de ce rembord et à 45° celui du rembord supérieur.

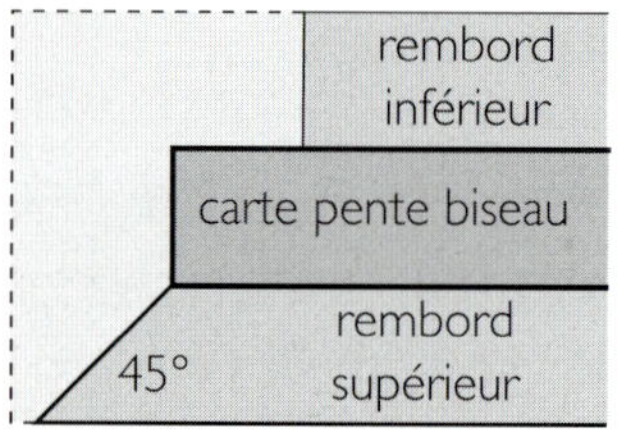

Découpe de l'angle d'habillage des grands côtés

Découpe et pose de l'habillage du biseau

Mettez en place la bande ainsi découpée dans ses deux angles. Tracez sur le dessus de la brique l'emplacement du rembord et encollez-le. Rabattez ce rembord sur la colle. Procédez de même sous la carte fond biseau, pour le collage du rembord inférieur.

7 Une fois les grands côtés en place, posez les bandes carte pente biseau des petits côtés sur leurs emplacements respectifs et pointez les repères d'angles aux arêtes inférieures et supérieures. Coupez les angles de ces cartes entre les points de repère ainsi marqués. Habillez ces deux cartes en prévoyant 2 cm de plus tout autour. Découpez les angles des rembords.

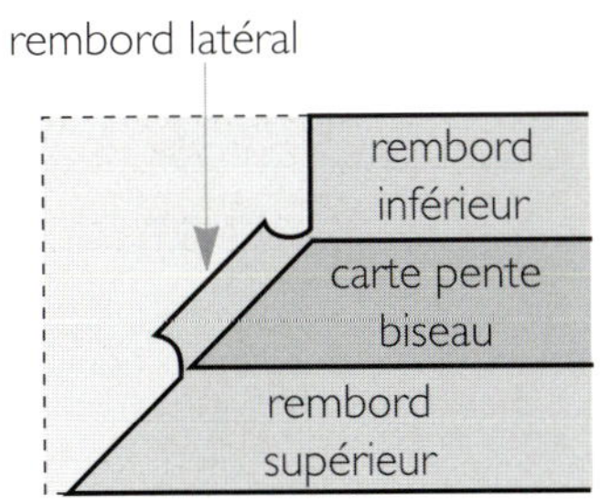

DÉCOUPE DE L'ANGLE D'HABILLAGE DES PETITS COTÉS

Marquez les plis le long de la carte et au plioir, rabattez les rembords latéraux sur l'envers. Mettez ces bandes en place, en collant les rembords latéraux sur l'angle des grands côtés puis les rembords supérieurs et inférieurs comme précédemment. Finissez comme pour les grands côtés.

FENÊTRE-IMAGE AUX COTÉS IRRÉGULIERS

1 Commencez comme précédemment et coupez une carte bulle supplémentaire qui servira de gabarit pour découper les bandes de carte pente biseau. Sur cette carte gabarit au même format que tous les éléments du paquet, tracez le contour de la fenêtre du passe-partout et celui de la carte bulle fond de biseau.

2 Préparez les bandes de carte pente de biseau en utilisant les quatre pièces de la carte gabarit.

3 Ajuster les bandes de carte des quatre côtés du biseau et, comme dans le cas précédent, mettez en place deux côtés en vis-à-vis avant d'ajuster les angles des deux autres côtés.

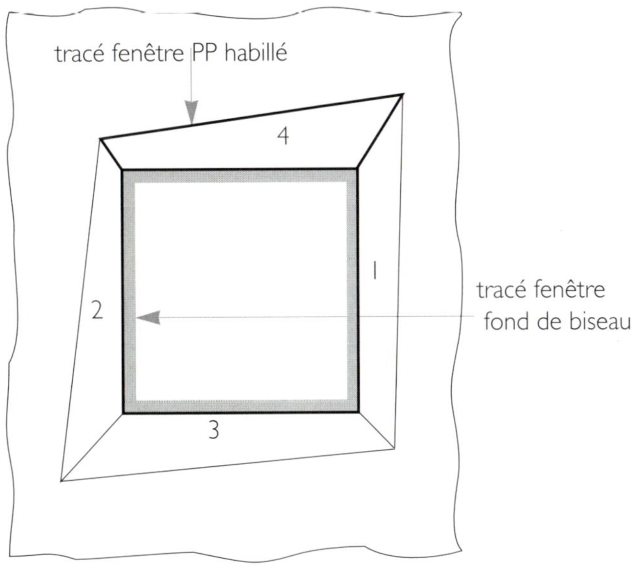

TRACÉ DU GABARIT

Fenêtre-image à coins arrondis concaves

L'habillage du passe-partout a été réalisé en marqueterie de papier bois.

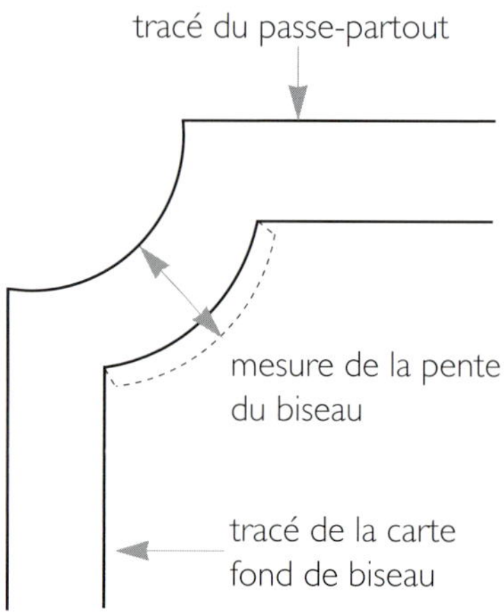

Gabarit Rigidex

1 Préparez tous les cartons comme précédemment et coupez une carte supplémentaire en Rigidex (pour les coins arrondis la carte bulle est trop cassante). Posez les quatre côtés rectilignes de la pente biseau suivant le procédé de pose des grands côtés du biseau à la française, fenêtre à angles droits (voir page 58).

2 Puis, sur la carte Rigidex, tracez le contour du passe-partout et celui de la carte fond de biseau. Mesurez la pente du biseau et reportez le décalage entre la mesure à plat et la mesure de la pente à la base des arrondis, sur le tracé. Découpez chacun des angles dans la carte Rigidex, habillez-les et mettez-les en place en rabattant les rembords latéraux et en collant les rembords supérieurs et inférieurs après les avoir crantés.

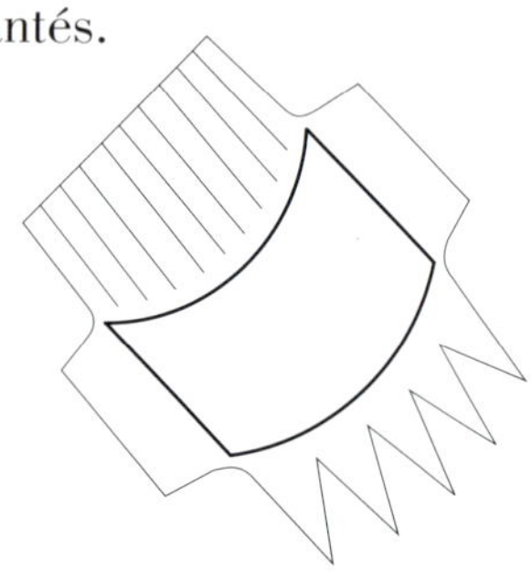

Découpe de l'habillage des coins arrondis

Pour une fenêtre-image à coins arrondis convexes, procédez comme pour le biseau à la française sur fenêtre ronde. Pour avoir une superposition rigoureuse, reportez avec beaucoup de soin les quatre centres de portions de cercle dessinant les angles.

Fenêtre-image ronde

Vue en coupe du travail à réaliser

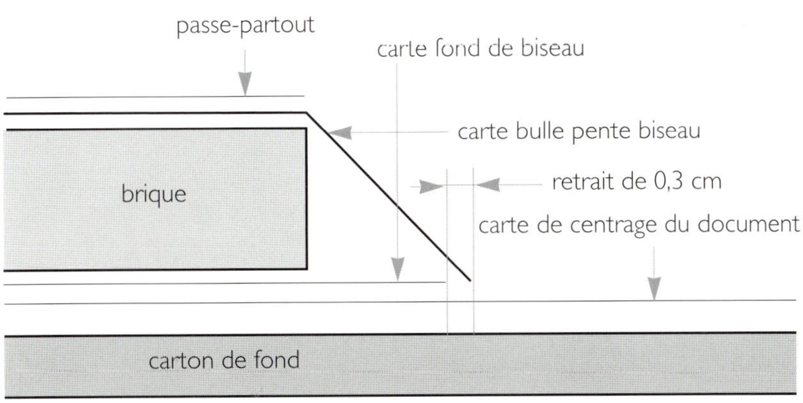

Pour habiller ce biseau choisissez un matériau d'habillage souple et léger. Le retrait de 0,3 cm par rapport au talon du biseau permet à la pente du biseau de descendre plus facilement.

1 Avant d'ouvrir les fenêtres au compas cutter, pointez à l'épingle le centre dans chacun des cartons à couper en rond.

Exemple :
fenêtre-image de rayon 5 cm
talon de biseau de 2 cm
rayon d'ouverture dans le passe-partout : 7 cm
rayon d'ouverture dans la carte fond de biseau :
7 – 1,7 = 5,3 cm
(1,7 cm étant le talon du biseau diminué du retrait de 0,3 cm)

2 Lorsque le passe-partout est habillé, ouvrez la fenêtre dans les cartons de la brique et assemblez-ceux-ci à la carte bulle fond de biseau.

3 Préparez la carte pente biseau en traçant sur celle-ci le contour du passe-partout et le cercle correspondant à la pente du biseau. Coupez ces deux cercles, conservez la partie extérieure et l'anneau qui constituera le biseau et enlevez la partie centrale. Collez une articulation de kraft au dos des deux parties restantes de la carte pente, en réservant un rembord à la base. Ce rembord permettra de fixer la base du biseau à la carte de fond de biseau.

4 Collez la carte pente biseau à la brique et rabattez le rembord de kraft découpé en lanières sous la carte fond de biseau.

5 Pour habiller le biseau, découpez le papier d'habillage aux dimensions extérieures des cartons, encollez-le sur l'envers à la Tylose diluée et encollez le support à la colle blanche.

Conseil :
Pour une fenêtre-image ovale, construisez les ovales équidistants suivant la méthode expliquée page 32, puis travaillez comme pour le biseau à la française sur fenêtre ronde.

Biseau français incurvé convexe et concave

Matériel :
Carte Rigidex pour les bandes pente biseau : grammage 180 g
Papier d'habillage biseau : grammage léger ou très léger
Bandes kraft gommé pour façonner les incurvés
Presse cylindrique (barre de bois de 3 cm de diamètre)

Procédez comme pour le biseau français, fenêtre-image à angles droits (voir page 58).

1 Pour façonner la pente du biseau, préparez dans la carte un gabarit, de 5 cm de longueur, pour déterminer la largeur des bandes (suivant l'arrondi choisi prévoir 1 ou 2 mm de plus que la pente rectiligne). Puis, à l'aide de ce gabarit, découpez les bandes pente biseau dans la carte Rigidex à la longueur des côtés. Le cintrage des biseaux se fait en collant, au dos de la carte Rigidex, deux bandes de kraft et en maintenant le collage quelques minutes sur la presse cylindrique. Lorsque le cintrage d'une bande est prêt, collez l'habillage, lissez-le sur la presse cylindrique et mettez-le en place.
Faites les découpes d'angles en crantant les rembords latéraux des petits côtés.

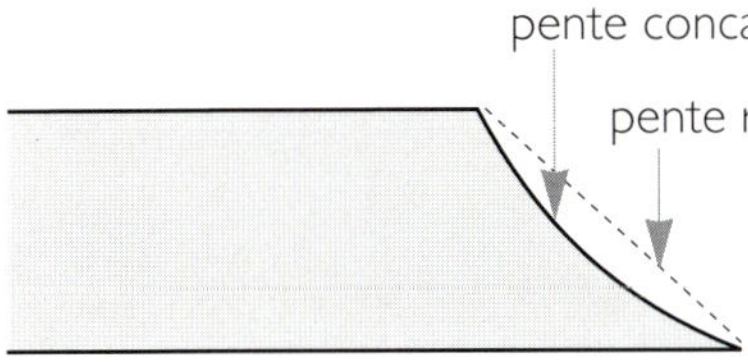

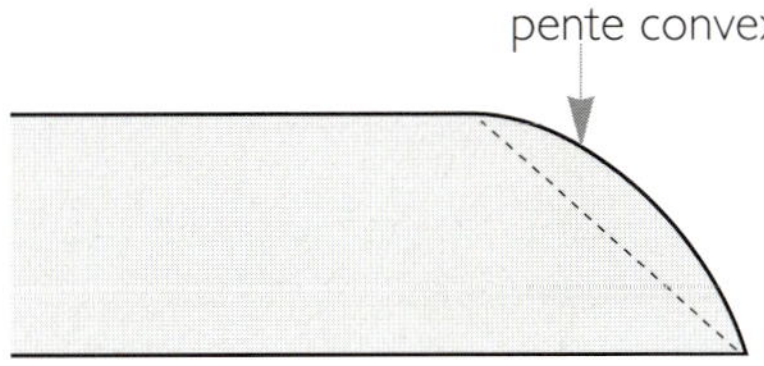

Associations de techniques

IL EST POSSIBLE D'ASSOCIER BISEAUX À 45°, COUPES DROITES ET BISEAUX À LA FRANÇAISE OU D'ORNER D'UN DÉCOR DE LAVIS LA PENTE D'UN BISEAU À LA FRANÇAISE.

Superposition de biseaux en escalier

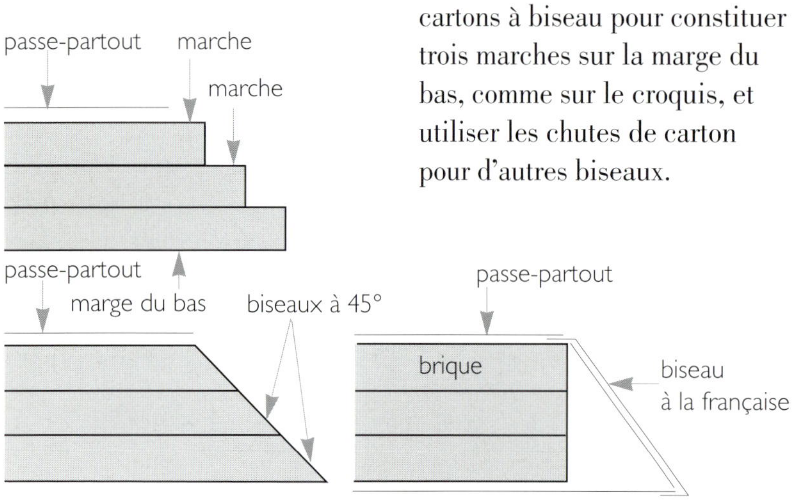

EXEMPLE D'UTILISATION DES CARTONS BISEAUX SUR LES AUTRES CÔTÉS DE LA FENÊTRE-IMAGE

On peut superposer trois cartons à biseau pour constituer trois marches sur la marge du bas, comme sur le croquis, et utiliser les chutes de carton pour d'autres biseaux.

Les biseaux à 45° peuvent être habillés séparément ou ensemble ; dans ce dernier cas, doublez d'une carte l'habillage, pour un résultat très net.

Travaillez les raccords d'angles entre les biseaux à 45° et les coupes à 90° en préparant un gabarit en carte Rigidex fine pour prendre les mesures exactes des découpes à reporter sur l'habillage.

Lavis sur biseau à la française

1 Pour habiller le biseau, choisissez un papier sur lequel on pourra tracer des filets à l'encre de Chine sans que celle-ci ne fuse. Pour la préparation des biseaux, coupez les quatre bandes de carte pente biseau (voir «Biseau français» fenêtre à angles droits, page 58). Coupez les quatre bandes d'habillage. Attention au sens du papier (voir page 31).

2 Travaillez le décor sur les habillages des deux grands côtés. Posez les deux bandes d'habillage côte à côte et pointez simultanément les repères avec le compas sur ces deux bandes. Puis travaillez couleurs et filets suivant la méthode du lavis (voir page 51). Laissez sécher. Collez les habillages de ces deux côtés sur les cartes pente biseau et mettez-les en place.

3 Placez les deux cartes pente biseau des petits côtés dans leurs emplacements respectifs en les maintenant en place avec un ruban adhésif repositionnable. Pointez les repères du décor des grands côtés (déjà en place) dans les angles des petits côtés. Posez les cartes pente biseau sur les bandes d'habillage et reportez les repères. Travaillez le décor comme précédemment et collez les habillages sur les cartes pente biseau. Mettez les petits côtés en place suivant la méthode expliquée page 59.

La vitrine

C'EST UN MONTAGE QUI PERMET D'ENCADRER TOUTES SORTES D'OBJETS AYANT UNE ÉPAISSEUR IMPORTANTE, FIGURINES, STATUETTES, FÈVES, ETC.

Dimensions à donner aux éléments

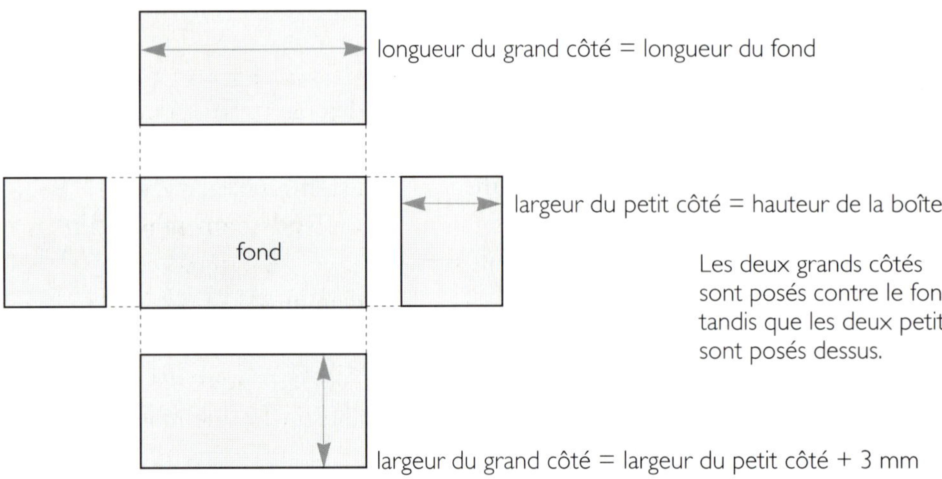

Les deux grands côtés sont posés contre le fond tandis que les deux petits côtés sont posés dessus.

▶ **1** Commencez par assembler un grand côté au fond. Préparez deux bandes charnières en kraft gommé de la longueur du grand côté. Appliquez un filet de colle blanche sur la tranche du fond et la partie du grand côté à coller contre celui-ci.
Pliez une des deux bandes de kraft, côté gommé à l'intérieur du pli. Collez-la à cheval sur le grand côté et l'extérieur du fond pour former l'angle. Pliez la 2e bande, côté gommé à l'extérieur du pli, collez-la à l'intérieur de l'angle formé par le fond et le grand côté. Collez le 2e grand côté, puis les deux petits qui seront maintenus entre les deux grands côtés par des charnières horizontales et verticales.

2 Lorsque le corps de boîte est terminé, reprenez les dimensions extérieures du fond. Taillez un carton de fond de 2 mm d'épaisseur à ces dimensions. Fixez deux anneaux (voir page 26) et collez le carton de fond en plein sur le fond de la boîte. Avant d'habiller l'extérieur de la boîte, taillez une carte pour couvrir chaque côté afin que les montants soient très nets. Collez en plein ces cartes et poncez les arêtes.

Collage des petits côtés

▶ **3** Pour l'habillage extérieur de la vitrine, coupez une bande d'habillage de la longueur du périmètre extérieur de la boîte plus 1 cm, et de la hauteur de la boîte plus 4 cm. Marquez au plioir un guide de collage à 2 cm du bord inférieur de la bande et faites un pli de 1 cm sur la largueur. Encollez les montants de la boîte. Appliquez la bande d'habillage en plaçant le pli de 1 cm sur le dessus de la boîte. Collez en tournant tout autour et lissez. Taillez les angles des rembords à 45° et rabattez-les.

4 Pour l'habillage intérieur de la vitrine, préparez une carte correspondant à chaque partie de la boîte à habiller. Commencez par le fond, collez l'habillage à la carte et laissez les rembords libres.
Coupez les angles à 45°. Posez cette carte habillée sur le fond de la boîte et collez les rembords sur les montants. Habillez les cartes de deux montants en vis-à-vis.

Coupe à 45° des angles des rembords

Rembordez les en haut et en bas de la carte. Posez la carte sur les montants et collez les rembords latéraux sur les côtés opposés. Puis mettez en place les deux derniers habillages, rembordés au dos de la carte avant d'être posés.

5 Fixez les éléments dans la vitrine. Pour la fermer, taillez le verre aux dimensions extérieures de celle-ci. Collez-le dans la moulure et collez la moulure aux montants de la boîte.

Pour un couvercle amovible, choisissez une moulure ayant au moins 15 mm de profondeur de feuillure pour avoir un bon emboîtement.

L'ENTRE-DEUX-VERRES

CE MONTAGE SOBRE ET DÉPOUILLÉ SERA PARTICULIÈREMENT INTÉRESSANT CHAQUE FOIS QUE VOUS VOUDREZ INSISTER SUR LA TRANSPARENCE.

MONTAGE SIMPLE

Matériel :
Tasseau de balsa 5 × 5 mm
Colle Araldite à prise rapide

1 Taillez les deux verres aux mêmes dimensions.
Coupez une feuille de papier à ces dimensions et tracez le centrage du document. Nettoyez l'un des verres et posez-le sur la feuille de centrage, collez le document sur le verre dans ses repères et mettez sous presse entre deux ais, avec un buvard.

2 Nettoyez le 2e verre et fermez le paquet. Pour une finition en sous-verre simple, voir chapitre «Sous-verre simple» page 27. Pour une finition avec moulure, encollez d'un filet de colle à bois toute la feuillure de cette moulure, posez le paquet dans le cadre retourné, et collez un tasseau tout autour dans la feuillure de la baguette, au dos du paquet.

VUE EN COUPE DU TRAVAIL À RÉALISER

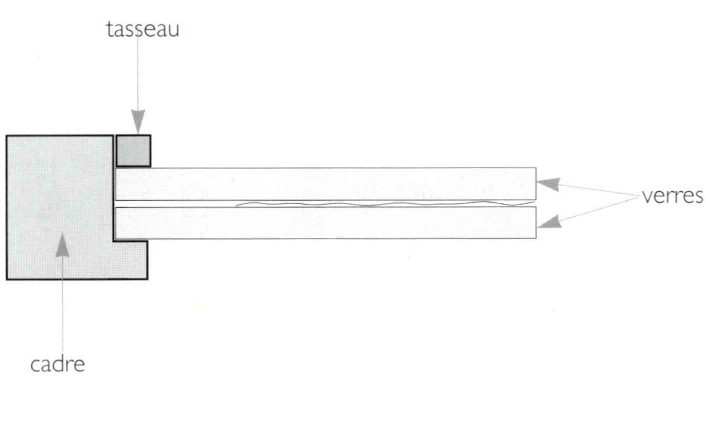

Montage avec un passe-partout sous le 2e verre

1 Avec un cutter, coupez un passe-partout. Choisissez de préférence un carton de 3 mm d'épaisseur pour qu'il ne se déforme pas, et ouvrez une fenêtre en coupe droite.

2 Habillez-le. Avant de remborder la fenêtre, collez sur les chants du carton, dans les angles, une petite bande d'habillage et rabattez les rembords.

3 Collez le document comme précédemment et fermez le paquet avec l'épaisseur du passe-partout, puis fixez le paquet dans le cadre avec des pointes (voir page 29).

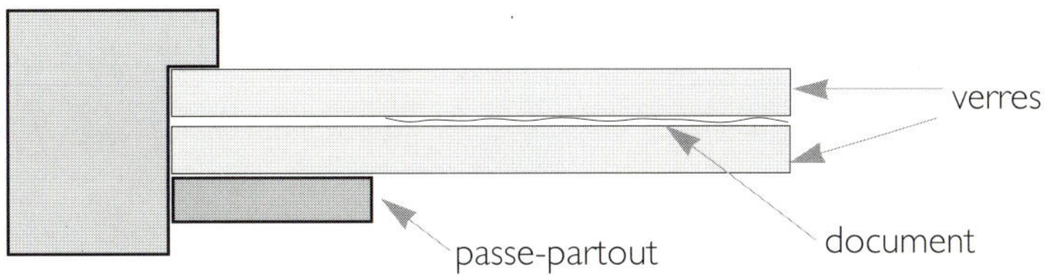

Fixation de l'entre-deux-verres

Le document est opaque

1 Préparez le carton de fond aux dimensions du document diminuées de 2 cm. Fixez l'anneau et centrez le carton de fond au dos du paquet, derrière le document.

2 Collez le carton de fond à la colle blanche pour les formats inférieurs à 30 x 40 cm. Collez des bandes de kraft, sur toute la surface de centrage du carton de fond, sur le verre.
Laissez sécher. Encollez le carton de fond et posez-le sur la surface de kraft.
Pour les grands formats, rayez le verre avec une chute de verre dans les repères de centrage du carton de fond. Encollez à l'Araldite le dos du carton de fond et le verre.
Collez le carton.
Mettez sous presse légère.

Le document est transparent

Fixez deux pitons au dos de la baguette, en les réunissant par une cordelette, ou bien, si l'entre-deux-verres est monté avec un passe-partout sous le 2e verre, découpez un petit carton de fond qui portera l'anneau et fixez-le au dos du passe-partout sous le 2e verre.

3

Décors de baguettes

LES BOIS ET LES ORNEMENTS À TRAVERS LES STYLES

L'ORIGINALITÉ D'ORNEMENTALISTES INVENTIFS CHERCHANT À DIVERSIFIER LE RÉPERTOIRE DÉCORATIF, LE TRAVAIL SANS CESSE RENOUVELÉ, LES PROUESSES TECHNIQUES DES ARTISANS DU BOIS FONT LA RICHESSE ORNEMENTALE DU CADRE «LA BORDURE» AU FIL DU TEMPS.

Au Moyen Âge, toutes les caractéristiques du cadre sont présentes avec le retable, «meuble» fait de tableaux, mais elles ne s'affirment qu'à la Renaissance lorsqu'apparaît le tableau dit «de chevalet», peinture amovible. Avec ces peintures de petites tailles : portraits, natures mortes destinées aux salles d'apparat, la fonction du cadre, limite extérieure du tableau, se définit. Le cadre dispose des éléments de l'architecture et l'ornementation emprunte ses formes aux modèles antiques : chapiteaux, linteaux de portes, moulures ornées d'oves, de palmettes, d'olives, de feuilles d'acanthe, de frises sculptées. Jusqu'au XXe siècle, les motifs des cadres suivront l'évolution des styles ornementaux.

RENAISSANCE

Bois de chêne sculpté naturel ou doré, orné de feuilles de laurier, de rosettes et d'oves

LOUIS XIII

Bois d'ébène
Décors de fleurs et de fruits sculptés

LOUIS XIV

Bois sculpté, doré
Ornements de corbeilles de fleurs

RÉGENCE

Bois blonds ou dorés
Ornements de coquilles, crossettes d'acanthe

LOUIS XV

Acajou, bois peint, doré
Ornements de rocaille

LOUIS XVI

Bois d'acajou, bois de placage ou bois fruitier
Motifs d'acanthe tournant à la manière d'un ruban, nœuds, boucles, feuilles de laurier, perles, flambeaux, carquois

DIRECTOIRE

Orme, noyer, hêtre
Lignes sobres, géométriques, motifs de losanges, rosaces

EMPIRE

Acajou à canaux
Ornements d'abeilles, aigles, couronnes de feuilles de laurier

RESTAURATION

Bois clair : citronnier, loupe d'orme, sycomore
Marqueterie de palissandre

LOUIS-PHILIPPE

Apparition du cadre «pâtisserie»
Ornements de coquilles, feuilles en abondance, surcharge

NAPOLÉON III

Bois d'ébène, palissandre, laque noire
Introduction de techniques nouvelles (machines à bois)
Décors de papier mâché

ART NOUVEAU 1900

Bois peints
Motifs floraux très stylisés

ART DÉCO 1925

Acajou, ébène, palissandre, citronier
Arabesques, cadres de formes octogonale et ovale

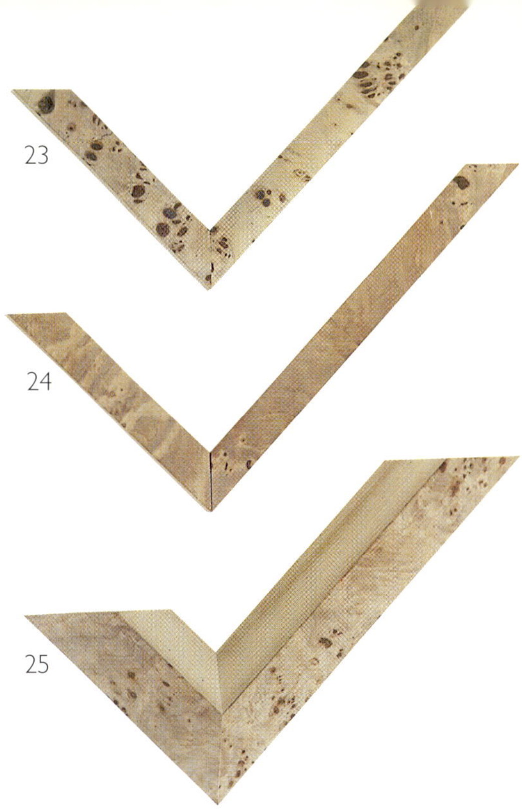

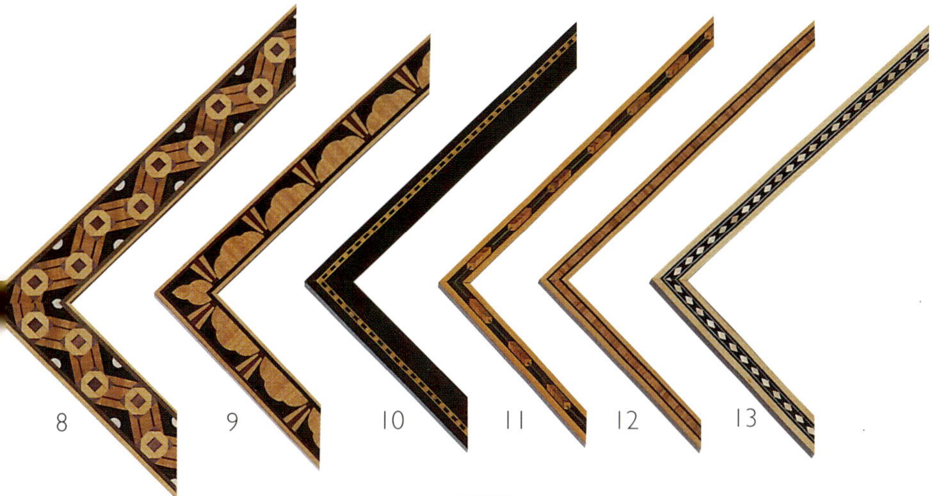

Baguettes en ramin plaqué vernies au tampon :
1 érable blanc - 2 et 3 loupe de peuplier - 4 bouleau de Norvège - 5 loupe de peuplier - 6 loupe d'érable - 7 loupe d'orme - 8 et 9 filet buffard - 10 ramin plaqué noir filet damier - 11 filet de marqueterie - 12 bois de rose filet de marqueterie - 13 placage érable blanc filet de marqueterie - 14 sycomore gris filet de marqueterie - 15 sycomore vert filet de marqueterie - 16 sycomore bleu filet de marqueterie - 17 sycomore bleu filet de marqueterie - 18 pitchpin trois filets noirs - 19 acajou deux filets buis - 20 ronce d'acajou filet damier - 21 filets noirs - 22 filet de marqueterie
Baguettes en ramin plaqué, brutes :
23 à 25 loupe de peuplier

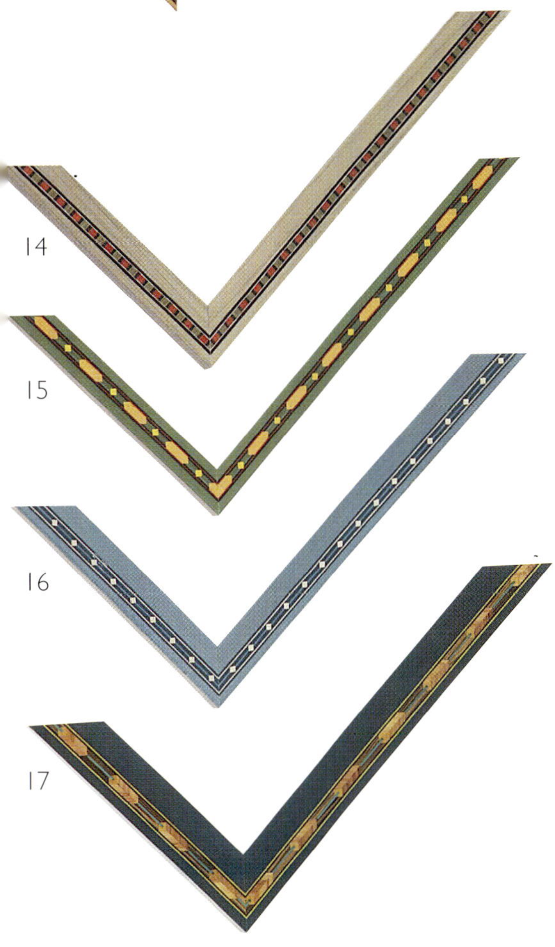

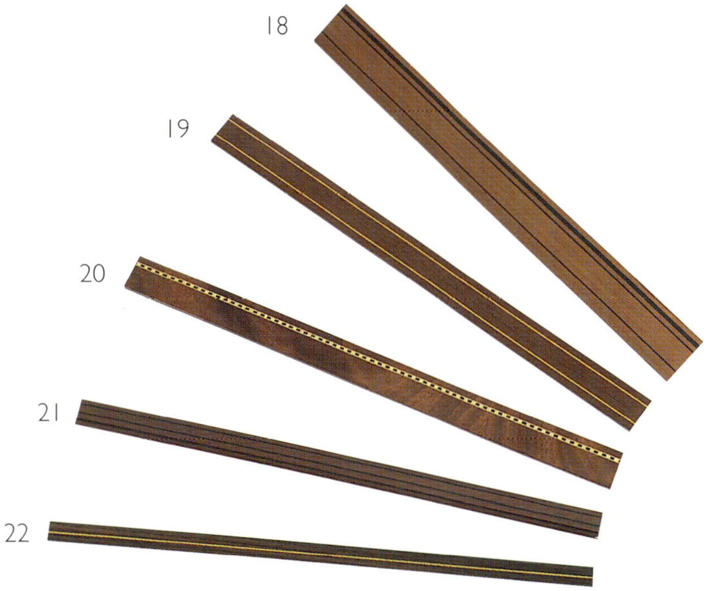

LES DÉCORS DE BAGUETTES

SI LES STYLES DES CADRES ONT ÉVOLUÉ AVEC LES STYLES D'ARCHITECTURE ET DE MOBILIER SELON LES ÉPOQUES, LE CADRE EST LONGTEMPS RESTÉ UNE ŒUVRE À PART ENTIÈRE, PAR EXEMPLE UN CADRE DORÉ À PERLES LOUIS XVI POUVAIT TOUT AUSSI BIEN ORNER UN PORTRAIT QU'UN PAYSAGE. C'EST AU XIXE SIÈCLE QUE LES PEINTRES ONT CHOISI, DESSINÉ LE CADRE QU'ILS SOUHAITAIENT POUR ACCOMPAGNER UNE ŒUVRE, OUVRANT AINSI LA VOIE AU CADRE CRÉATIF TEL QUE NOUS LE CONCEVONS AUJOURD'HUI.

Avant de faire votre choix pour le décor du cadre, essayez de définir votre projet esthétique.
Voulez-vous isoler l'image ou la prolonger sur le cadre, harmoniser le style du document avec le style de la moulure ?
Voulez-vous retrouver la matière du bois ou préférez-vous retrouver une des couleurs de la pièce où le cadre sera accroché ?
Souhaitez-vous que le cadre raconte une histoire, qu'il devienne une œuvre poétique, symbolique ou lyrique ?
Autant de questions auxquelles vous devrez répondre avant de vous lancer dans l'aventure ; tout au long de ce chapitre nous tenterons de vous y aider.

Le choix des matériaux

Le choix des matériaux est très vaste et commence avec une très grande variété de moulures proposées par les fournisseurs. Elles peuvent être superposées avec des découpes diverses pour un jeu ornemental.

Vous pourrez vous laisser séduire par des moulures dorées, aux ornements de coquilles, de végétaux, de nœuds, de perles, ou encore créer votre cadre de toutes pièces comme dans les quelques exemples qui suivent.

Carton ondulé, découpé en feston, dôme, fronton. Carton peint à la gouache ou orné de collages de timbres, chromos, etc. Lattes de bois, cadre de ruche détourné de son usage premier. Bois flotté, ficelle, raphia. Rubans et lacets. Nœuds de plâtre ou de bois. Décors laitonnés. Coquillages, verre dépoli. Frises de papier peint, broderies, passementerie, dentelles, fragments d'étoffes précieuses. Moulages en papier mâché, laqué, vernis ou naturel.
Outre les matériaux et objets à coller sur le cadre, vous pouvez aussi le peindre, le teinter, ou le céruser s'il est en bois blanc.

Cadre de bois naturel et frise d'éléphants découpée dans du carton 3 mm et collée à la colle blanche

Traitement transparent

Pour préserver l'aspect naturel du bois dans le cas d'une moulure en pin, en érable ou en bois blanc brut, vous pouvez teinter votre cadre avec une teinture à bois ou à l'aquarelle, en une ou deux couches suivant l'intensité de la teinture souhaitée. Laissez sécher. Poncez à la laine d'acier très fine, puis passez une couche de «fondur». Poncez avec une laine d'acier très fine, passez une seconde couche de fondur. Vernissez ou cirez le cadre.

Traitement opaque

Sur le cadre monté, passez une couche d'enduit fin (gesso). Poncez et recommencez l'opération deux fois. Le ponçage doit être fait avec de la laine d'acier très fine.
Sur le cadre bien lisse, appliquez la peinture (acrylique ou vinylique) en quatre ou cinq couches avec ponçage à la laine d'acier entre chaque couche. Vernissez la peinture pour un aspect laqué. Pour un aspect satiné, cirez-la avec une cire incolore afin de ne pas changer sa couleur ou au contraire avec une cire teintée pour la patiner.

Baguette cérusée

Sur un cadre au veinage bien marqué (bois de chêne par exemple), vous pouvez adoucir la couleur tout en gardant le côté bois naturel en le travaillant à la céruse. Sur le cadre en bois naturel ou teinté (voir traitement transparent), brossez avec une brosse dure pour élargir les veines du bois. Passez une couche de pâte à céruse. Essuyez, passez une seconde couche si nécesaire, essuyez et finissez par une couche de fondur et un vernis.

Traitement transparent sur lequel est appliquée une céruse blanche ; décor de fil et de coquillages collés à la colle blanche sur le cadre

Habillage de la baguette

UN FILET, UNE SOUS-CARTE OU UN BISEAU EN PAPIER RELIURE PEUVENT ÊTRE RAPPELÉS PAR L'HABILLAGE DE LA BAGUETTE AVEC LE MÊME MATÉRIAU. UNE MATIÈRE ÉVOQUÉE SUR LE DOCUMENT PEUT HABILLER LE CADRE : PAPIER JOURNAL, PAPIER CALLIGRAPHIÉ, TISSU ÉCOSSAIS, FLEURI, ETC.

Habillage avec un papier

Coupez les quatre côtés du cadre. Préparez un gabarit en papier, pour déterminer la largeur à donner à la bande d'habillage et sa coupe d'angle. Roulez ce gabarit de papier préalablement enduit de Tylose diluée sur la moulure pour qu'il épouse bien ses volumes. Marquez la largeur utile ainsi que l'angle à découper. Découpez ce gabarit sur les empreintes ainsi obtenues.

Découpez les quatre bandes d'habillage de la largeur du gabarit et de la longueur des côtés du cadre plus 1 cm pour les rembords sur les coupes d'angles de la baguette. Attention, coupez les bandes perpendiculairement au sens d'allongement du papier (voir chapitre «Sens du papier», page 31). Découpez les angles suivant le gabarit. Tracez au plioir, sur l'envers de chaque bande, un pli sur la longueur pour marquer la base du dos de la baguette. Si le bois est poreux, faites un précollage sur chaque côté du cadre, à la colle blanche. Laissez-le sécher et réencollez à la colle blanche le côté à habiller, en commençant par placer le rembord sur le talon de la baguette (voir page 28) et en avançant en lissant sur toute la longueur et en épousant chaque volume jusqu'au retour à l'intérieur de la feuillure. Pliez et crantez dans les angles les rembords latéraux et collez-les sur la coupe d'angle de la baguette. Lorsque les quatre côtés sont ainsi habillés, assemblez le cadre et vernissez-le, avec un vernis en bombe si nécessaire.

Habillage avec du papier Ingres en quatre nuances différentes d'un même grammage

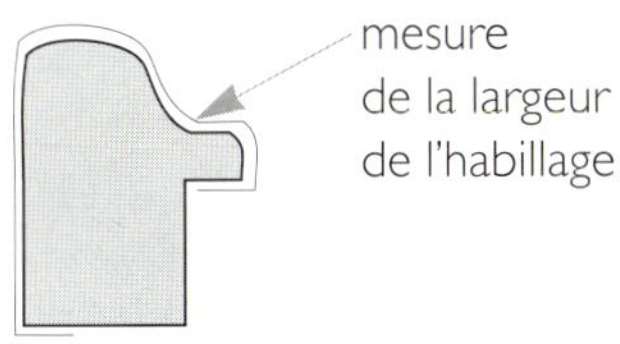

GABARIT DE PAPIER

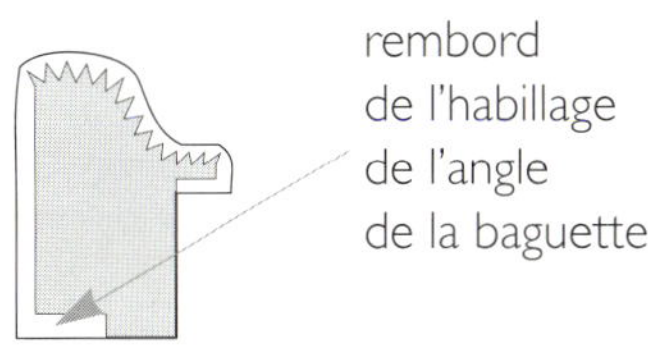

VUE EN COUPE DE L'HABILLAGE

Habillage avec un tissu

Les petits boutons, habillés du même tissu écossais que la robe de la fillette sont fixés par un fil qui traverse le cadre

Glacez le tissu si nécessaire (voir chapitre «Habillage du passe-partout avec un tissu léger», page 20) et procédez comme avec un papier.
Si le tissu est épais, comblez dans chaque angle, de l'épaisseur du rembord, pour que l'assemblage du cadre ne soit pas en porte-à-faux.
Pour un cadre molletonné, fabriquez un cadre constitué de deux cartons collés de 3 mm d'épaisseur.
Posez le molleton puis tendez le tissu sur le molleton.
Rembordez au dos du cadre et à l'intérieur de la fenêtre.

Encadrement de miroirs

Le miroir peut être encadré d'un cadre rond ou ovale, d'un cadre à angles droits en bois naturel ou peint et décoré ou encore doré, ou d'une superposition de baguettes.

Montage simple d'un miroir dans son cadre

Préparez le cadre et peignez la feuillure avec une peinture noire pour éviter de voir l'image intérieure de la feuillure, tout autour du miroir. Coupez le carton de fond en 2 ou 3 mm d'épaisseur suivant le format du miroir. Fixez l'anneau dans le carton de fond, remplacez le ruban Bradel par les anneaux à riveter pour les formats dépassant 30 x 40 cm. Coupez aux dimensions du miroir une carte bulle à intercaler entre le miroir et le carton de fond, pour éviter que le rivet raye le tain du miroir. Dans le cadre retourné, placez le miroir, la carte et le carton de fond, fixez-les au cadre avec des pointes et rembordez d'un kraft gommé.

La marge du miroir est habillée de papier vieil or métallique, les perles sont collées, le pendentif est fixé au travers du carton

Dans ce montage entre deux verres, le verre du dessous a été remplacé par un miroir sur lequel le document est collé

Encadrement de peintures à l'huile

Encadrement pour une œuvre contemporaine : la caisse américaine

À l'inverse des baguettes traditionnelles, la feuillure de la caisse américaine est sur le dessus de la baguette. C'est la partie plate qui forme la 1re encoche dans laquelle se pose le châssis. Vissez le châssis de la peinture à l'huile sur cette feuillure.

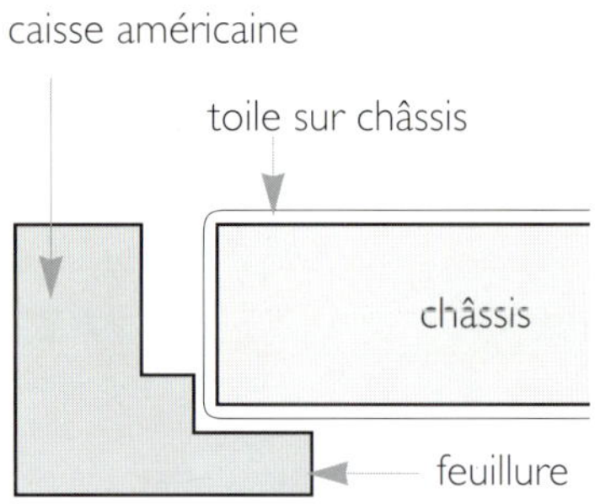

Encadrement classique avec une marie-louise bordée d'un cadre mouluré

La marie-louise est la baguette plate qui souligne le bord du tableau et qui est encadrée d'une autre moulure.
Elle peut être teintée, peinte ou habillée de toile. Il est inutile de traiter le dos de la marie-louise qui sera montée dans la moulure. Si la marie-louise comporte un biseau, il peut être peint avant d'habiller la partie plate. Dans ce cas, il est préférable de découper des bandes de carte bulle aux dimensions des plats de la baguette sur lesquels seront rembordés les habillages toilés afin d'éviter les effilochures sur le devant du cadre. Collez les bandes rembordées sur les plats avec la colle à bois. Assemblez les quatre côtés de la marie-louise, puis fixez ce cadre dans le 2e avec colle à bois et pointes, pour former un cadre unique.

La marie-louise a été peinte dans le ton vert-mousse du tableau

Le double cadre est composé de deux moulures dorées. La marie-louise à pente inversée est habillée de Relon

DOUBLE CADRE POUR DES PETITS PANNEAUX PEINTS SUR BOIS OU SUR CARTON

Il est généralement composé d'une même baguette choisie dans deux largeurs différentes : l'une étroite pour border l'œuvre, l'autre plus large pour la finition extérieure. La marge est habillée d'une toile. Coupez et assemblez le cadre qui borde la peinture puis coupez la marie-louise. Habillez chaque côté en suivant la méthode de l'habillage avec un tissu (voir page 20). Assemblez les angles de cette marie-louise. Puis coupez et assemblez le cadre extérieur à ses dimensions. Assemblez entre eux le cadre intérieur et la marie-louise puis collez cet ensemble au cadre extérieur.

DES IDÉES EN PLUS

CARTON ONDULÉ

Le carton ondulé rouge, vert et bleu est découpé comme pour une superposition de passe-partout : trois couches de carton de 3 mm d'épaisseur sont coupées en escalier pour mettre en scène le clown

Les découpes dans le carton ondulé sont réalisées avec la technique de la marqueterie (voir chapitre «Marqueterie», page 55), les boutons sont collés sur le carton

Décor de feuilles découpées dans le carton ondulé et collées dans les angles du cadre. Des cales sont placées entre le cadre et la composition pour donner plus de profondeur

DÉCOR SUR L'HABILLAGE

Les éléments du décor peuvent être découpés et collés sur le cadre : papier, carton, tissu, végétaux, verre, carrés de mosaïque, ficelle, etc. Mais le décor peut aussi être peint : peinture acrylique ou gouache pour des décors opaques, à l'encre ou à l'aquarelle pour des décors transparents, motifs au pochoir ou au tampon pour des effets de frises ou des décors naïfs.

Le cadre de carton est orné d'une frise réalisée au tampon

Ces trois cadres de bois brut sont décorés de végétaux (trésors rapportés de promenades) : écailles de pommes de pin, feuilles et fruits directement collés sur le cadre

OBJETS DÉTOURNÉS

De nombreux petits objets peuvent être détournés pour orner vos cadres : bois flotté pour une photo souvenir de vacances, perles, plumes, broches, barrettes… Pensez à fixer deux anneaux au dos de votre cadre, même pour un petit format, si les éléments du décor ne sont pas disposés symétriquement sur le cadre.

Cette vitrine est ornée de cabochons (poignées de petits meubles) ; les tiges de fixation des cabochons sont collées dans l'épaisseur du carton qui constitue le cadre

Vitrine bordée d'un cadre de carton orné de petits boutons de tiroir

Adéquation du document et de son encadrement

Devant tant de possibilités techniques, comment choisir la façon d'encadrer qui conviendra le mieux au document ?

L'encadrement peut devenir une œuvre créative à part entière, les seules règles à respecter sont la protection du document et sa mise en valeur.
Pour les reproductions diverses, les photographies, les gravures, les lithographies, toutes les techniques (depuis la technique de base jusqu'au biseau français) pourront être utilisées. En revanche, pour les pastels et les aquarelles, la technique de base seule ne peut convenir.

Les pastels

Pour ce qui est de la protection, pensez qu'un pastel, une craie d'art, un fusain, une sanguine doivent être isolés du verre de même qu'une aquarelle, mais il faudra de plus disposer une cale entre le biseau et le document pour éviter que des fragments de pigments friables se déposent sur le biseau et viennent ternir le verre.

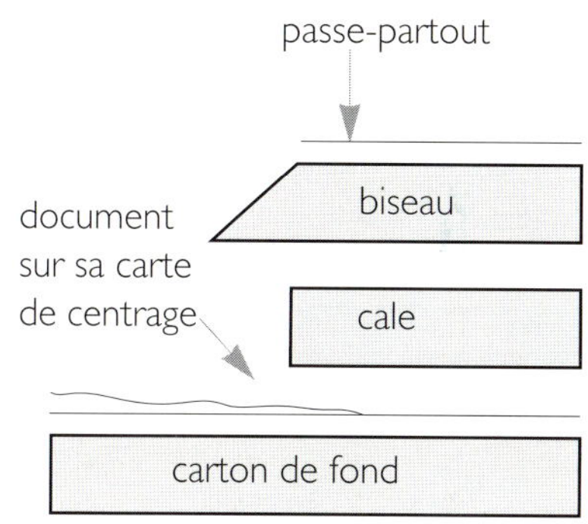

Montage d'un pastel

reproductions diverses	photographies	aquarelles	gravures	pastels	lithographies	
●	●		●		●	technique de base
●	●	●	●	●	●	biseau 45°
●	●	●	●	●	●	biseau droit
	●	●	●	●	●	biseau fançais
		●	●		●	lavis

Choisir un type d'encadrement

Préparez toujours une maquette au crayon qui vous aidera à concrétiser vos idées. Si un cadre peut être discrétion, légèreté, transition douce entre l'œuvre et la pièce où il est accroché, il peut aussi être contraste, couleurs vives, mouvements et (ou) note d'humour si vous le souhaitez.

À titre d'exemple, voici quatre traitements différents d'une illustration de Mathurin Méheut.

Fenêtre octogonale et biseau à la française, le panier est incrusté dans le bas du passe-partout

Superposition de passe-partout en papier recyclé et carton ondulé, décor de paille collée

Superposition de passe-partout dont un chantourné, et décor de baguette peint à l'acrylique

Le document est monté sur un socle lui-même monté en relief sur un morceau de grillage ; des cales tiennent l'ensemble pour donner le relief

La fixation par crochet muni d'une pointe (type crochet X) convient aux cadres légers, mais tous les cadres lourds seront accrochés au mur par des pitons chevillés. Pour connaître la nature du matériau support, percez un avant-trou de diamètre inférieur à celui du piton à fixer.

Murs à structure dense : matériaux pleins, bétons, briques pleines, agglomérés, béton plein, moellons, etc.

Utilisez des chevilles en nylon dans lesquelles seront vissés les pitons. Percez le trou à l'aide d'un foret à béton, placez la cheville, puis vissez le piton (suivez bien les indications du fabricant pour connaître les diamètres du foret et de la cheville à utiliser en fonction de celui du piton choisi).

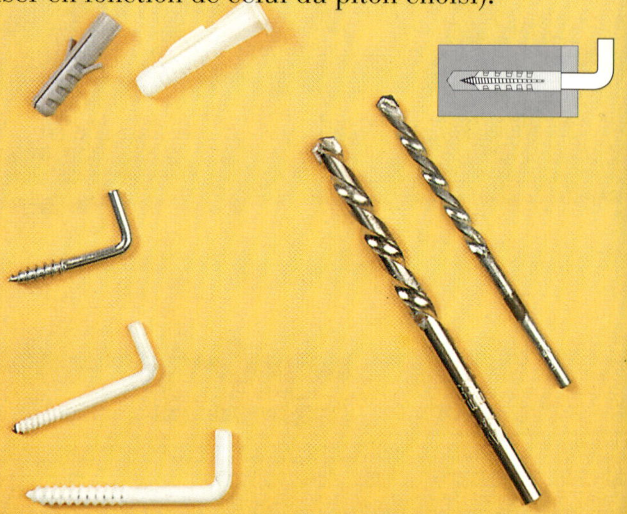

Outillage

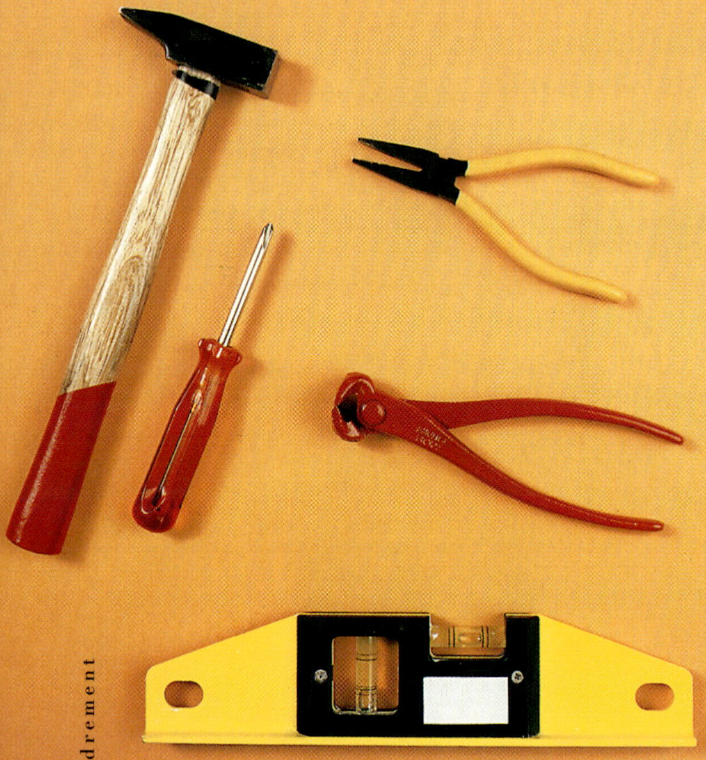

Murs à structure creuse : plaque au plâtre, briques et parpaings creux

Utilisez des chevilles métalliques à expansion. C'est un système d'ancrage en parapluie permettant de prendre appui loin des bords du trou.
Faites un avant-trou de petit diamètre pour tester la profondeur de la cloison. La longueur des chevilles doit être inférieure à la profondeur de la cloison.

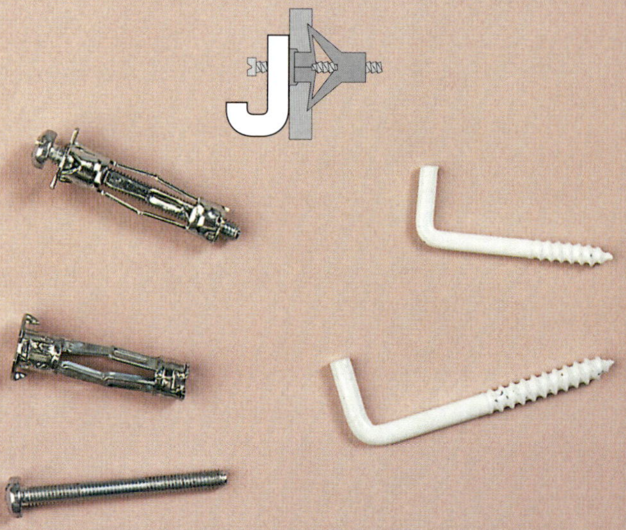

Support bois

Utilisez des clous pour les cadres très légers ou des crochets spéciaux (du type crochets X).

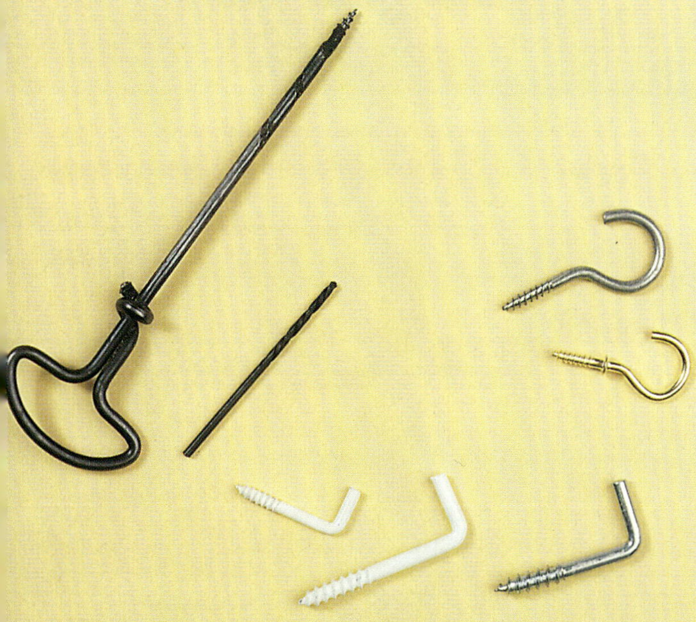

Cimaises

Ce mode de fixation permet d'éviter de faire des trous dans les murs. Les cimaises sont des tiges métalliques sur lesquelles se posent les crochets à tableaux. Les crochets se règlent à la hauteur souhaitée et sont munis d'un système de sécurité les empêchant de glisser vers le bas. Les tiges sont accrochées dans une rainure métallique fixée à hauteur de plafond par des vis.

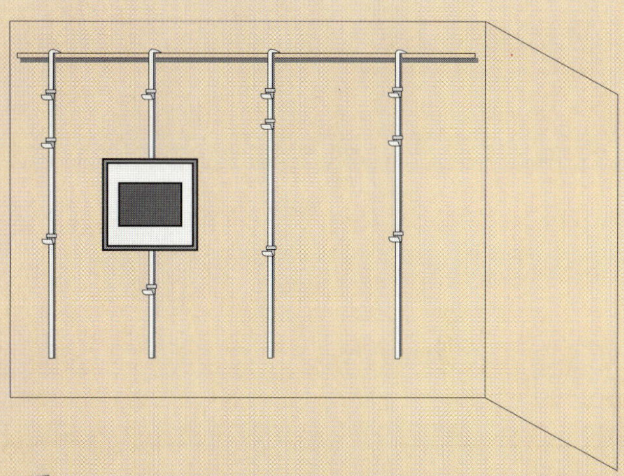

O u t i l l a g e

Petit outillage

Anneaux, rivets, crochets et tournettes (elles se fixent au cadre et retiennent le paquet).

crochet d'ornement (pour « habiller » le mur)

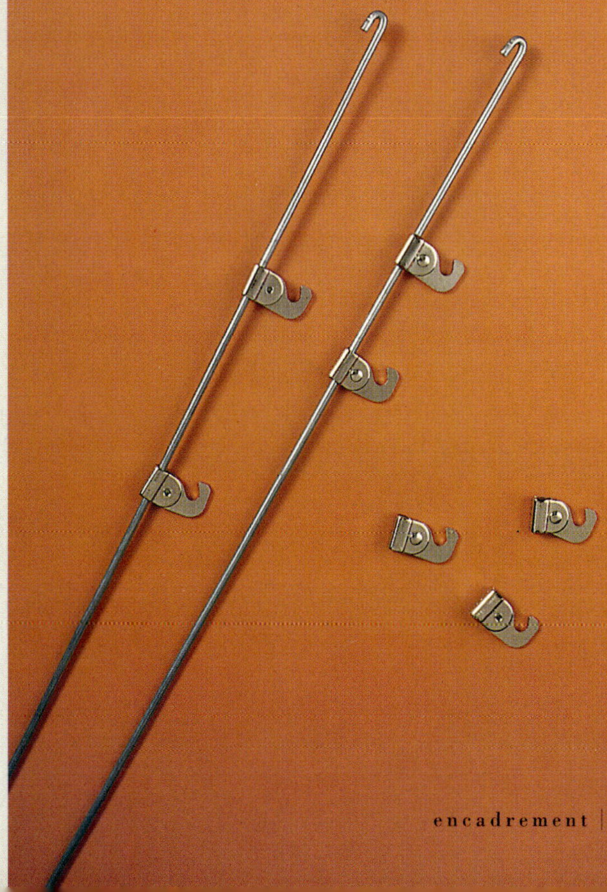

LA DISPOSITION DES CADRES EST UNE MISE EN SCÈNE DES ŒUVRES QUI TENDRA VERS UNE UNITÉ POUR QUE L'ŒIL NE SE PERDE PAS DANS LE DÉCOR. ÉVITEZ LES EXPOSITIONS PLEIN SUD FACE À UNE FENÊTRE. VOUS POUVEZ CHOISIR DE REGROUPER UN THÈME, DANS CE CAS LES ŒUVRES SE LIRONT COMME UNE BANDE DESSINÉE. VOUS POUVEZ AUSSI PRENDRE LE PARTI DE GUIDER LE REGARD À TRAVERS UN ENSEMBLE D'ŒUVRES MINEURES JUSQU'À L'ŒUVRE PRINCIPALE PLACÉE AU CENTRE.

Composition en multiple

Par 3, par 4, par 6, etc., pour des cadres de même format ; dans ce cas, les espaces réguliers entre les cadres seront peu importants pour créer un lien entre eux.

C'est la régularité de la répétition des cadres qui donne l'unité à cette composition.

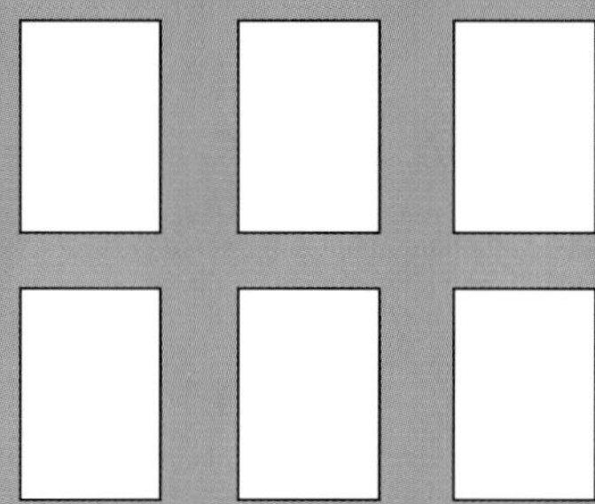

Accrochage et

Disposition en colonne

Sur un mur étroit (par exemple entre deux portes), disposez en colonne.

Disposition symétrique

Reliez avec un ruban deux cadres superposés de tailles différentes (le plus important en bas).
Le ruban est une décoration, les cadres sont fixés au mur par des attaches traditionnelles.

Disposition en escalier

Décalez en espaces réguliers dans un escalier.

Disposition symétrique

Composez un ensemble au-dessus d'un meuble, d'un canapé en réservant un espace harmonieux entre celui-ci et la base des cadres pour créer un lien entre les cadres et cet élément.

d i s p o s i t i o n

Pêle-mêle

Composez un pêle-mêle où l'œil devinera une organisation en carré.

Pêle-mêle

Composez un pêle-mêle où l'œil devinera une organisation en ovale.

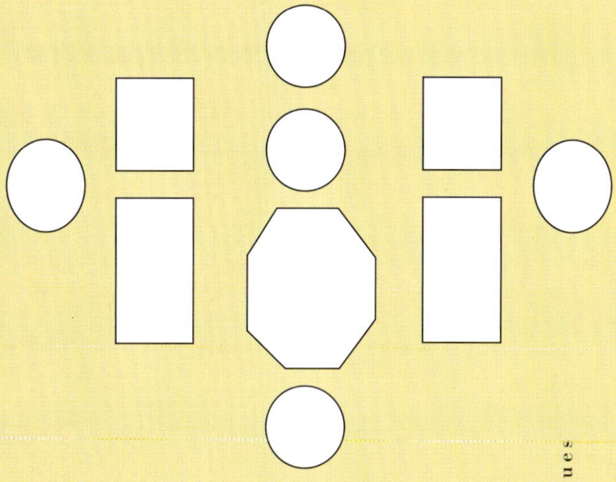

Disposition en ligne

Sur un grand mur, alignez par la base vos cadres de formats différents.

Disposition en colonne

Disposez en colonne sur un mur étroit (par exemple entre deux portes).

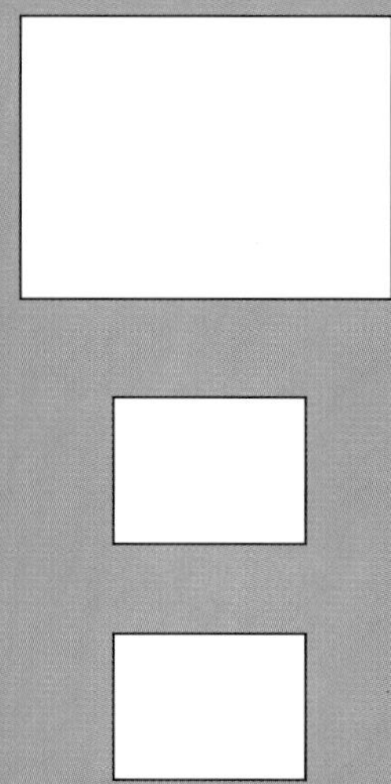

Disposition

Disposition décentrée

Près d'une statue ou d'une lampe posée sur un meuble, décentrez le cadre.

Disposition entre deux fenêtres

Entre deux fenêtres, équilibrez les espaces entre le cadre et les fenêtres.

Disposition géométrique

Accrochez l'ensemble de manière que l'œil perçoive une composition géométrique.

Éclairage

L'éclairage d'un tableau ne doit jamais se faire en lumière directe, évitez de placer vos encadrements face à une fenêtre plein sud.

Éclairage électrique : évitez les halogènes, ils éclairent les cadres en lumière directe fluorescente qui rayonne en ultra-violets.

Éclairage des peintures à l'huile et des peintures acryliques : applique à incandescence (2 x 40 w, par exemple).

Éclairage des affiches : applique basse tension (12 volts, 20 w, par exemple).
Les pastel ne devraient jamais être exposés à la lumière du jour, car leurs pigments sont très fragiles. Une pièce peu éclairée leur convient parfaitement.

et éclairage

Disposition au-dessus d'un meuble

Au-dessus d'un meuble haut, n'isolez pas un encadrement mais prévoyez une composition pour qu'il ne soit pas perdu, en haut sur le mur.

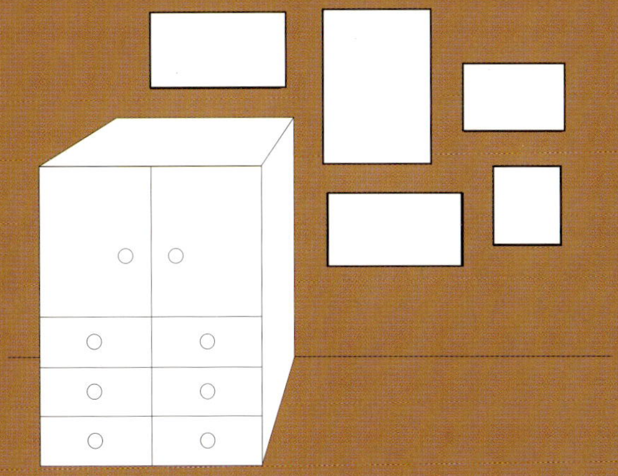

GLOSSAIRE

AIS
Planche sur laquelle on dépose les cartons et les papiers collés lors du séchage sous presse.

ÂME D'UN PASSE-PARTOUT
C'est l'élément du carton sur lequel est collé le matériau d'habillage.

BAGUETTE
De largeur et de hauteur variables, la baguette ou moulure d'encadrement est à base linéaire. Qu'elle soit droite ou galbée, sculptée avec des motifs de nervures ou de gorges, de plats ou de filets, qu'elle soit en bois précieux avec incrustations de marqueterie, dorée à l'or fin, en bois blanc ou en métal, elle comporte toujours une feuillure pour intégrer le paquet.

COLLAGE EN PLEIN
Opération qui consiste à encoller toute une surface en étendant la colle à la brosse ou au rouleau, en la tirant bien dans les deux sens jusqu'à ce que la surface soit enduite totalement d'un film brillant et régulier de colle.

ÉCOINÇON
Figure triangulaire dont un des côtés est en arc de cercle.

FEUILLURE
Encoche de la baguette qui permet d'insérer le paquet. Elle comporte deux mesures essentielles : sa largeur (partie recouvrant le verre), et sa profondeur qui contient l'épaisseur du paquet.

FILET
Appliqué sur la marge du passe-partout, il peut être tracé à l'encre de Chine, à la gouache ou constitué d'un papier mince découpé et collé.

FORME
Châssis muni d'un treillis sur lequel est formée la feuille de papier artisanale.

GLAÇAGE D'UN TISSU
Opération qui consiste à transférer une pellicule de colle très fine sur l'envers d'un tissu pour éviter que la colle traverse les fibres de l'étoffe au moment du collage.

GLACIS
Surface de colle très fine et régulière, déposée sur une plaque à glacis (verre ou Plexiglas) sur laquelle sera étendue la pièce de tissu à glacer.

GRAMMAGE
Poids du papier exprimé en grammes au mètre carré.

MARGE
Largeur donnée au passe-partout dans lequel on a taillé la fenêtre-image qui borde le document.

MACULE
Feuille de papier protégeant le plan de travail pendant les encollages.

MARIE-LOUISE
Baguette de bois plate, biseautée ou non, pouvant avoir une largeur de 1 à 10 cm, généralement peinte ou toilée, encadrée d'une autre moulure pour former le cadre d'une peinture à l'huile. Elle joue le même rôle pour les peintures à l'huile que le passe-partout dans le montage d'un sous-verre.

PAPIER CRISTAL
Papier très fin, transparent, souple et très résistant.

PAQUET
Ensemble de tous les éléments qui entourent le document, du carton de fond au verre, rembordés par un ruban de kraft gommé.

PASSE-PARTOUT
Surface taillée dans une carte et habillée aux mesures des marges déterminées pour encadrer un document.

PLIOIR
Petit instrument en bois, en ivoire, en os ou en corne qui permet de plier le papier. Utilisé à plat, il sert de lissoir.

PONTUSEAUX
Tringles métalliques soutenant les vergeures de la forme. Dans un papier vergé, lignes claires espacées de 2 à 4 cm suivant les fabricants.

REMBORDER
Opération qui consiste à fixer les uns aux autres un ensemble d'éléments par un rabat.

SOUS-VERRE
Encadrement d'un document sans moulure, composé uniquement d'un paquet rembordé par un galon de papier ou de toile de couleur.

VERGEURES
Fils métalliques constituant la trame serrée de la forme. Sur papier vergé, lignes claires, serrées les unes contre les autres.

Crédits photographiques

page 64 © Maurice Subervie
page 79, bas © Isy Ochoa
page 82, droite © Nestlé
pages 86 et 87 © ADAGP, Paris 1997
Droits réservés pour mentions non spécifiées